后浪出版公司

成为
"最后一人"

[日]川村隆 —— 著 朱悦玮 ———— 译

江西人民出版社
Jiangxi People's Publishing House
全国百佳出版社

前　言

将应该做的事认真且乐观地坚持到底

　　仅凭领袖气质就能够带领公司不断前行的时代已经过去。现在我更认为，与领袖气质相比，坚持某种态度并且采取行动，可以让工作更加轻松，同时还能够取得成果。如果用一句话来概括，那就是本书即将为大家介绍的"成为最后一人"。关于"最后一人"，我将在序章中进行详细说明，现在只要将其理解为"决心承担全部责任的人"即可。

　　企业在社会中有自己的责任，社长在公司中也有自己的责任，所有员工都有自己的责任。如今，为了承担上述的责任，对于必须具备的专业水平的要求变得越来越高。销售部门必须是销售专家，后勤保障部门必须是能够从世界各地采购所需产品的专家。不管公司规模如何，上上下下的大小领导都必须是相关领域的专业人士。社长理所当然地应该是提高业绩的专家，一家大公司的员工必须都是职场精英。

对于自己所处的行业，必须能分清什么是"有发展潜力的商业活动"，什么是"有话题但没有发展潜力的商业活动"。如此一来，对自身专业水平的要求将变得越来越高。

再加上商业活动的时间轴大幅缩短。上个月才刚刚决定的事情，这个月就不得不推翻的情况屡见不鲜。在不断变化的商业活动现场，所有人都在不断犯错和尝试。

正是在这种时候，做出一个决定，然后自己承担全部责任并采取行动的重要性才显现出来。

一说起"承担责任"，好像给人一种很沉重的感觉，但实际上并非如此。相反，如果去掉这种被动的心理包袱，就会产生当事者意识，这使你敢于尝试更多的挑战，工作也更加轻松。请试着将承担责任当成自己理所当然应该做的事情并采取行动。然后你会发现，不管面对任何局面，自己都能够顺利地做出判断并采取行动，而且判断和行动都会变得更加正确。

假设自己现在正站在人生的分岔路口。

实际上，我在六十九岁的时候面临人生的重大抉择。当时我马上就要七十岁了，日立制作所却邀请我担任社长。

坦白地说，一开始我很迷惑。因为日立制作所当时正处于七千多亿日元赤字的亏损状态。尽管现在作为综合电机生产商的代表，日立被看作是日本走向世界的领军企业，但就在几年前，这家企业的经营状况可以说非常严峻。

为处于这样一种困境之下的企业决定前进的道路，其难度之大不言而喻。

就我当时的年龄来说，即使我拒绝就任社长也不会遭到任何指责。而且，即使我就任社长，作为社长做出的一切决定和行动，都将面临巨大的压力。

我应该回避"风险"平安无事，还是承担"责任"勇敢前行——当时在背后支撑我的，就是"成为最后一人"的意识。

我选择身先士卒走上改革的道路，有条不紊地做出决定并采取行动。在大家的帮助下，到 2014 年我辞去董事长职务的五年间，日立集团以"有史以来最高收益"的状态实现起死回生。

本书涉及很多关于日立集团起死回生的方法论。但我最希望传达给大家的，并不是重建公司的方法，而是一种工作理念：只要每个人都带着"最后一人"的心态工作，那么等待你的很有可能是更好的结果。

那么，敢于挑战、勇往直前——具体应该怎么做才好呢？每天认真工作，将工作彻底完成，带着这样的意识开展工作的人一定能够取得成果。其实并没有什么特别的方法，我真的这样认为。我所实践的都是理所当然应该做的事情。本书内容，第一眼看上去可能都是理所当然的事情，是任何公司、任何组织都会做的事情，没有任何特别的地方。但是，如果有更多的人能够认识到这些理所当然的事情，并且将其坚持下去，那么不管是公司的业绩，还是日本的经济状况，都会变得更好。

本书的内容，并不只适用于像日立集团那样规模庞大的企业，它还能应用在所有企业，甚至每个人的日常工作中。因此，那些将要撑起未来日本经济发展重担的年轻职场精英们，更应该读一读这本书。

或许，有的年轻人认为仅凭一己之力根本无法改变什么。确实，大规模的改革必须改变顶层经营者的想法才行。但是，如果每一个个体没有自己承担责任的意识，那么就难以出现让整个公司产生改变的契机。

这听起来或许有些严酷，但在公司内部"广交朋友"其实没有任何意义。

只是和很多人保持"联系"不会引发任何变化。

把责任都推给外界因素是没有用的。

最终，只有意识到"还是只能由我亲自动手"，然后认真且乐观地坚持行动才是最重要的。

首先从自己开始改变。如果本书能成为使大家变成"最后一人"的契机，那将是我最大的荣幸。

川村隆

目 录

前　言　将应该做的事认真且乐观地坚持到底　I

序　章　"自己的身后,再也没有任何人"　001
　　　　改变我意识的"一句话"　003
　　　　什么是最后一人——遭遇劫机事件　006
　　　　对"正在沉没的公司"能做什么　010
　　　　"自己要让所有人都吃得上饭"的态度　014

第一章　在关键时刻"决定做什么"、
　　　　"如何做决定"　019
　　　　工作中必要的"效率"的本质　021
　　　　做决定的人越少"结论越准确"　025
　　　　"上情下达"与"下情上达"　028
　　　　"投入"与"撤出"　031
　　　　找到出血点　036
　　　　最后一人诞生于"健全的竞争"　040

VII

用"领跑者方式"来进行竞争 044
如何拥有"经营者意识" 047
真正紧急的时候"根本来不及畏惧" 051

第二章 以"盈利"为目标的思考习惯 059

发现问题点的"摄像头" 061
用十五分钟"得出结论" 067
你有"盈利意识"吗 071
寻找"能够在世界范围内取胜的事业" 075
根据需求开展商业活动 077
社长"只是一个职务" 081
年功序列无法盈利 086
流水不腐——重视"平时的构造改革" 089

第三章 从决定到实行的"简单过程" 093

"领导"最重视的事 095
分析现状 099
学会看公司的"健康诊断书" 099
预测未来 102
眼光长远、多看一步 102

保持敏锐的直觉　106
做一个知道应该何时"停止"的人　109

制定战略　113
不能只用数字说话　113
"明示方向"的重要性　116
朝令夕改的规则　118
将想法写在笔记本上　120

履行说明的职责　124
保证"描绘未来"的时间　124
传递信息时的"关键词"　128
对公司内部和外部进行说明　130

坚决执行　134
"理"大于"情"　134
PDCA——不擅长 P 和 D 的日本人　137

第四章　总是积极向前、"磨炼自己"的人　141
地狱般的经历使人"觉醒"　143
什么是日立流的"Tough Assignment"　147
在工厂学习"作为经营者的原点"　152
检讨书就是你的成长记录　157

直面"想要逃避的心情"　161

满足于"五十一分"　164

拿出"两成的时间"来指导部下　167

试着突然对部下委以重任　170

坚持"责备"与"道歉"　174

"毫不吝啬地表扬"　178

"评论家"永远无法成为最后一人　180

第五章　关于"谨慎乐观"地采取行动的九点　183

"谨慎的乐观主义者"的工作方法　185

不要忘记"开拓者精神"　189

管理自己的人生项目　194

理想的"T字尺类型"　197

将为他人着想的心态应用在商业活动中——恕　199

通过读书来提高自己　203

不拉帮结派　208

对自己的健康负责　211

最后一人的关键在于"最后"　213

第六章　日本人必不可少的"意识"是什么？　215

　　日本人缺乏的"全球化"意识　217
　　用教育培养"知道正确道路的人"　222
　　如何接受多样性　225
　　日本应该如何面对全球化的挑战　228
　　我留给员工的"最后的信息"　231

结　语　重新思考"企业的社会意义"　235

序章

"自己的身后,再也没有任何人"

最后一人——你有"这种觉悟"吗?

改变我意识的"一句话"

大家听说过"Last Man"（最后一人）这个词吗？

懂英语的人或许会想"英语里有这个词吗"，实际上在字典里确实也查不到这个词。"成为最后一人"——我在三十多岁的时候第一次听到这句话。

当时我在日立工厂工作，在我升任为设计科长那天，时任日立工厂长的绵森力先生站在工厂执务室的窗前这样说道：

"如果这家工厂到了沉没的那天，你们就先下船。等你们都下船后，我就踢破这个窗户跳下去。这就是最后一人。"

从那时开始，"最后一人"这几个字就深深地烙印在我的脑海里。

这大概是绵森先生自创的词吧。绵森先生身材矮小，每当去国外的时候，总是会听到"He is small, but he is a great boss."之类的评价。后来，他升任为日立制作所的副社长。

每当有人升职，绵森先生都会这样对他说："从今往后，你就是这个科的最后一人。如果你没有承担责任的意识,那一切都无法开始。就算工作是部下做的,**但承担最终责任的人是你。做出最终决定的人也是你。**"这大概是绵森先生独特的鼓励方法吧。

从那以后,我一直努力让自己成为最后一人。

如今,每当日本企业出现问题的时候,该企业的领导层都会集体出面谢罪。

在闪光灯的映照下,领导层深深地低下头去嘴里说着"实在是非常抱歉"的光景已经司空见惯。这样的情形在世界上是非常少见的,只有日本如此。谢罪固然很重要,但这并不意味着"承担责任"。然而,绝大多数人却认为"只要谢罪,这个问题就解决了"。

事实上,关键在于之前的过程,以及今后将要采取的行动。找出问题产生的原因,如果需要处分负责人的话就进行处分,重新确立防止问题再次出现的体制和系统。对受害者诚心诚意地进行赔偿。全力以赴地解决问题才是最重要的。

更进一步说，为了避免这种情况，平日里就应该加强对员工的教育，构筑公司内部的安全系统。在现在的日本，像这样的"最后一人"实在是太少了。

这种意识，在一定程度上也受个人的资质和家庭环境的影响，但我认为基本上还是可以依靠教育来进行培养。只有让每一个人都拥有成为最后一人的意识，日本才能开创崭新的未来。

什么是最后一人——遭遇劫机事件

1997年7月23日发生的那件事,让我终生难忘。

那天,为了去北海道出差,我搭乘全日空的飞机从羽田机场出发前往新千岁机场。当时,我刚刚升任为日立制作所的副社长。

就在我拿出工作资料准备看一看的时候,飞机在房总半岛上空突然来了个急转弯,我心里顿时一惊。大家都知道,飞机在正常情况下是不会急转弯的。"难道是燃料用完了吗?"我这样想着,观察周围的情况,但机舱内并没有响起任何广播。其他乘客也议论纷纷:"难道飞机要返回东京吗?""到底发生了什么事?"

过了一段时间,广播里突然传来一个紧张的女性声音:"本次航班遭遇劫机。请系好安全带,不要站起来。"

机舱内先是一阵安静,紧接着乱成一团。乘客的叫声、孩子的哭声,还有"不要慌,要冷静!"的警告声交织在一起。我用颤抖的手将安全带紧了紧。

突然,引擎的轰鸣声变得更加强烈,飞机开始急速下降。

机舱内响起一阵悲鸣。透过窗户向外望去，可以看见地面变得越来越近。

"完蛋了。要坠毁了。"

我闭上眼睛，双手紧紧握住座椅的扶手，做好了迎接死亡的准备。我感觉飞机好像下降了好久。但最后，伴随着巨大的轰鸣声飞机开始重新上升。

全日空61号航班劫机事件——机长被劫机犯刺中头部身亡的恶性事件。当时我坐在双层客舱一层，在事后通过新闻报道才知道具体发生了什么事情。

根据媒体的报道，一名青年手持刀具冲进驾驶室。副驾驶被赶出去，驾驶室里只剩下劫机犯和机长两人。目睹了全部过程的二层的乘客都聚集在驾驶舱门前，想要采取一些措施，但空乘们却以"我们会按照手册上的内容处理，请不要担心"为由催促乘客们回到座位上。

就在这时，一名穿着驾驶员服装的中年男性站了出来，并愤怒地叫道："你们在干什么！"空乘们刚回答说"手册上……"，就被这名男性"都什么时候了还看手册！"

的怒吼打断了。

这名男性是飞行员山内纯二,当天他没有飞行任务。但因为他下一个飞行任务在新千岁机场起飞,所以他刚巧搭乘这趟飞机去新千岁。

山内先生对被赶出来的副驾驶和周围的乘客说道:"飞机的操纵杆好像握在犯人的手里。机长大概受了伤,并没有操纵飞机。犯人大概想要在横田机场着陆,但这样下去恐怕飞机会坠毁,所以我打算冲进去。希望你们能助我一臂之力。"

随后,山内先生踢开驾驶室的大门,与副驾驶一起冲进去,最终夺回了飞机的控制权。

经过这次事件,我的人生观发生了巨大的改变。

我意识到人终有一死,所以必须珍惜活着的每一天。当时我已经五十多岁,但之前从没有认真地思考过自己剩余的人生应该如何度过。但以这次事件为契机,我开始了自己崭新的人生。

同时,我也再一次认识到在关键时刻成为最后一人的重要性。在这次事件当中,山内先生就是真真正正的"最后一人"。死去的机长也一样,他直到最后都在尝试说服罪犯,让飞机平安降落。

其他的空乘人员应该和机长与山内先生一样,都接受过遭遇劫机时的应对训练。但是,劫机犯可不会按照手册上的内容行动。**面对飞机即将坠毁的紧急情况,居然还有人认为必须按照手册上的内容采取行动**,这实在让我大开眼界。

如果没有那位在紧急关头知道"随机应变比手册更可靠"的不当班的飞行员,我大概早就不在人世了吧。

对"正在沉没的公司"能做什么

如果把一家处于困境之中的公司当作正在坠毁的飞机，那么就必须有一个人站出来成为最后一人。但是，很少有人具有这样的觉悟。

2009年3月，当我接到那通电话时也是如此。

"提名委员会打算提名川村先生担任下一任社长。您可以重返日立制作所吗？"

当日立制作所时任董事长庄山悦彦对我这样说的时候，我不由得屏住呼吸，手里拿着电话听筒愣在原地。这个消息对我来说简直就如同晴天霹雳一般，完全在我的意料之外。

同年1月30日，日立制作所在发表三月期的联合结算时，预计的一百五十亿日元黑字，最终变为七千亿日元的赤字。几天后，日立的股票价格大幅下跌。"日立破产？"之类的传言不绝于耳。而这个电话，就是在这样的背景下打来的。

当时我六十九岁，在日立制作所的子公司日立麦克赛尔担任董事长。在即将迎来古稀之际，我开始萌发引退的念头。

"为什么选择我？"我的心中可以说是充满了困惑，于是我回答说："请给我时间让我考虑一下。"

我的整个职场生涯都是在日立度过的。进入日立制作所后，我在五十多岁的时候成为日立工厂的工厂长，然后一步一步升任为董事、常务董事、副社长。在旁人看来，我的成长轨迹可以说是一帆风顺。

但是，我却在2003年被调任到下属的集团公司。这也意味着，我在当时的日立总公司已经不可能升任更高的职务。

一般来说，在这种情况下很多人会认为"自己的职场人生就此终结"而灰心丧气，甚至对公司的决定产生怨恨。但因为我一直坚信**"社长不是自己想当就能当的，而应该根据时代的需求选择最合适的人才"**，所以我能够摆正自己的心态，在下属的集团公司中兢兢业业地完成自己的使命。

就这样，我离开了日立制作所六年。在日立制作所，曾经被调任到下属集团公司的人回来做社长的情况，可以说是史无前例。而现在日立制作所竟然做出了这样一个前所未有的决定,可见其真的是面临巨大的困境。

我这个人性格沉稳、遇事不乱,周围的人也都知道。尽管如此,面对这个邀请我也难免感到有些动摇。我无法立刻做出决定,于是给和我同期入职但现在已经退休的朋友们打电话商量。电话那头所有人的第一反应都是哑口无言。

"就是之前新闻里报道的那个最终赤字七千亿日元的事吗?现在就算回去也无力回天吧。"

"还是不要接受的好,以免晚节不保。"

大家都很担心,异口同声地提出反对,而且每个人的意见都很中肯。

六十九岁接任日立总公司的社长一职,这确实有些勉强。不管从体力上还是精力上,对我来说都是一种考验。公司之外的人也会有想法,"为什么不找年轻人来做呢"。将赤字企业扭亏为盈,还是由年轻的领袖来做更为合适——我心中的天平逐渐向拒绝的一边倾斜。

为了转换一下心情,我来到家附近的公园,漫步在杂树林中。温暖的阳光洒满大地,我心里想着"马上就要到春天了",情绪也终于稳定下来。

就在这时,我的脑海里忽然浮现出劫机事件时的光景。

不当班的飞行员在飞机即将坠毁时挺身而出拯救众人,这就是在组织中工作之人的觉悟,同时也是责任。

于是我在心里想道:"我这条命等于是捡回来的,一生也只有这一次机会决定一个大公司的命运,我为什么不试一试呢。"

我要回到即将沉没的日立制作所,并且让它重新浮起来。这就是我作为最后一人所能做的最后的决定。

"自己要让所有人都吃得上饭"的态度

在我表明自己将要就任社长之后,遭到了媒体的强烈批判,"竟然让一个六十九岁的人当社长,看来日立是真的没有人才了"。

事实上,日立有很多年轻的优秀人才。但是,日立集团公司的经营层却由大多像我这样从总公司离职的老员工组成。所以,如果由一个年轻人担任社长,就算他想要进行改革,很可能也会遭到集团公司那些上了年纪的经营层的阻挠。但因为我在集团公司的经营层中属于年纪比较大的,所以推行改革会更加顺畅。或许就是考虑到这个因素,提名委员会才选择我做总部的社长。当然也有可能是因为别人都不愿意来接这个烫手的山芋吧。

我在刚入职日立的时候,与后来成为日立制作所社长的三田胜茂先生有过交流。

当时三田先生担任国分工厂的工厂长,大概四十多岁。

"我入职的时候也是大学刚毕业,但当时我就开始考虑如何让现场的人都吃得上饭。我设计的图纸交给生产现场的人，然后由他们制成产品。现场的工作人员大约有一百人，也就是说生产我设计的变压器的人有一百人。这样想的话，我就必须设计出能让这一百人都吃得上饭的产品。你也应该有这样的觉悟。"

尽管我当时还不能完全理解他这段话的意思，但我还是点头答应了。

本来我比较喜欢在工厂从事生产类的工作，但在听了三田先生的这段话之后，我觉得销售类的工作也没那么枯燥了。每当我看到在工厂辛勤工作的工人们，我都会在心里产生出"我必须要让这些人都吃得上饭才行"的想法，想必这就是作为最后一人的觉悟的萌芽吧。

像这样，将别人说过的只言片语记在心里，或许会因此受益良多。

这也是时隔四十多年，我还带着必须让日立制作所的人"吃得上饭"的觉悟回归的原因。

如果每一名员工不只是从公司领薪水，还带着**"自己要为大家赚钱"**的意识，那么公司肯定能够起死回生。所以我回归也是为了对员工进行这种意识上的改革。

只要拥有这种意识，就能从工作中找到自己的价值，工作也会变得更加快乐。反之，如果只顾着完成眼前的工作，不但无法成为最后一人，工作也会越发枯燥乏味。为了自己的生计而工作固然重要，但如果拥有为了周围其他人的生计而工作的意识，那么你对待工作的态度也会发生很大的改变。

据说，前美国总统哈里·S·杜鲁门有一句座右铭"The buck stops here"。

"buck"就是雄鹿。过去美国人经常在玩牌的时候出老千，甚至会因此大打出手，于是赌场的庄家会随身携带小刀。由于这种小刀的刀柄是用雄鹿的鹿角制成的，所以buck就成为赌场庄家的标志，后来又引申为"责任"的意思。

"The buck stops here"，意译过来就是"我来承担工作的最终责任"。杜鲁门将刻有这句话的摆设放在自己总统办公室的办公桌上。

就连美国总统都必须在"出现问题时承担责任"。承担责任需要拥有一定的勇气和觉悟，一旦自己做出错误的决定，就必须引咎辞职。所以，在做出每个决定时都要带着必死的觉悟。

不过,当你做出决定开始行动,并战胜困难取得成果的时候,你将会获得前所未有的满足感和成就感。或许成为最后一人的人,正因为知道这种喜悦,所以才敢于成为最后一人吧。

诸位也可以试着对部下说:"我来承担责任,请大胆地去做吧。"这样,你一定能作为最后一人打开新世界的大门。

我就是带着这样的觉悟,带领日立起死回生。

| 第一章 |

在关键时刻"决定做什么"、"如何做决定"

领导应该具备的素质

工作中必要的"效率"的本质

我可以大胆地说,**任何改革,只要有效率就能够成功**。

不只出击要先下手为强,撤退或者修复都是越早越好。在任何组织中,影响效率的因素越多,存在的问题也就越大。

或许很多人都没听说过,有一个词叫作"日立时间"。

过去的日立,不管是做决定还是开始行动都非常缓慢。准确地说,日立制作所,也就是日立总部在做决定和开始行动上浪费了太多的时间。

但是,日立的子公司却并非如此。绝大多数的子公司都只有日立总公司二十分之一的规模,所以非常清楚自己公司能够使用多少资金,对于"本年度对什么事业进行多少投资"之类的问题能够立刻做出回答。由于公司规模小,所以现场人员与经营层之间的距离很近,从现场提交建议书到上层做出决定之间所需要的时间也很短。

但日立总公司的规模非常庞大。就算其中一个部门出现赤字也不会影响到公司整体,所以领导层难以产生"立即改革"的意识。就算有人提出"必须做点什么"的改革方案，也会因为许多人提出反对意见导致改革措施难以执行。甚至连做出"以后再说"这样的决定，也要开会讨论几个小时。

从这种做决定缓慢的现象诞生出"日立时间"这个词。至于是由日立员工自己提出来的，还是与日立有商业往来的企业用来揶揄的就不得而知了。

正如在序章中介绍的那样，在日立出现七千亿日元的赤字，深陷国内制造业前所未有的财政困境之时，我重新回到了日立总部。

面对处于濒死状态的日立制作所，我应该做些什么呢？

答案早已在我心中。因为我曾经在日立的子公司工作过，**站在外部对日立制作所进行过观察，所以我非常清楚日立现在最根本的问题是什么。**

我在日立总公司首先应该做的事，就是"缩短日立时间"。

在本章一开头我就说过，我认为"任何改革，只要有效率就能够成功"。反之，在世界形势瞬息万变的当今时代，还像过去那样征求所有部门的意见，寻求让所有人都能接受的方案之类的做法，根本无法实现改革。因为等你得出结论的时候，其他企业早已把你远远甩在身后。

但是，只要能有效率地进行改革，就算在经营判断上出现了失误，也能够立即撤退进行修复。与其一味地讨论却不采取任何行动，不如大胆采取行动并在行动中进行修正。当今时代需要的正是这种效率。

改革如果花费太多时间，会出现许多弊端。陆续出现的反对势力就是其中之一。

不管任何改革，都一定会出现反对势力和抵抗势力。如果改革伴随着阵痛，情况则更是如此。**如果从做出决定到开始行动之间花费太多时间，那么反对势力就会从中作梗，使改革被迫中断甚至彻底停止。**

这是大企业的通病。不只日立，在任何企业和组织中都能见到这样的情况。在诸位读者的企业或者部门中也可能发生。就连在世界上的许多国家，因为这种情况导致改革受挫的例子也数不胜数。

从重返日立总部的那天起，我就开始进行效率改革。

在这一章中，我将一边为大家介绍日立从有史以来最大的财政赤字中起死回生的过程，一边和大家一同思考成为最后一人的关键。

听到"起死回生"这四个字，或许很多人认为这只与经营者有关。但或许诸位读者有一天也会成为中层领导，甚至成为企业的经营者。经营公司不是一帆风顺的，有顺利的时候也有不顺的时候，甚至可以说"任何公司都有破产的风险"。有时候，破产的危机突如其来让你始料不及，就像在雷曼危机中遭受波及的企业一样。

所以说关键不在于如何避免让企业陷入危机，而是在陷入危机后应该如何起死回生。这才是在公司的经营中最考验经营者能力的时刻。为了能应对这一时刻，从现在开始学习如何做一名经营者具有非常重要的意义。

日立的员工在入职后就会接受与经营相关的教育。诸位读者也可以通过本书得到类似的体验。

做决定的人越少"结论越准确"

"为了让所有人都满意而不停地进行讨论",这是影响企业效率的原因之一。

2009年3月23日,在位于丸之内的日立制作所总公司,我和五名副社长都聚集在二十七楼的会议室中。在4月1日正式上任之前,我把大家先召集起来。

这是我为了进行改革首先采取的行动——**尽可能减少做决定的人数**。

"我们六个人要用一百天的时间制定出一份计划。一百天后的7月1日,我们必须拿出一个对策方案。"

听到我的这句话,大家都面色凝重地点了点头。

这也难怪。以前由许多人参加的经营会议决定的事,现在全由我们几个人来决定,每个人都作为最后一人肩负着将在赤字中垂死挣扎的企业拯救出来的重担。

除了我之外的另外五个人分别是在子公司任职的中西宏明(现日立制作所董事长兼CEO)、同样在子公司担任领导的八丁地隆和三好崇司、拥有丰富销售经验在集团公司担任领导职务的森和广，以及信息通信负责人高桥直也。其中，因为我和八丁地以及三好的名字都读做"TAKASHI"，而且又都是在子公司任职后重返总公司的人，所以当时经常被媒体揶揄地称作"风波三人组"①。

一直以来，日本会议的问题点都没有改变。

那就是花费大量的时间，却没有做出任何决定。许多人经过两三个小时的讨论，最后也没有得出一个结果，于是只能将问题放到下次会议上继续讨论，这样的例子比比皆是。

曾经的日立总公司也是如此。

为什么无法得出结论呢？

原因就在于"许多人"一起"讨论"。

在我就任社长之前，参加经营会议的人数多达十三人。每个人陈述的意见都是诸如"如果没有相应的预算的话，我们部门做起来会很吃力""如果缩小我们部门的话，

---

① 与三人的名字谐音。——译者注

三千名员工怎么办"之类,拼命地维护自己部门的利益。如果采纳所有人的意见,结论就只会越来越圆滑,最后变得不痛不痒。

这样根本无法进行有效率的改革。出现这种状况的原因在于缺少一个能够发挥领导力的最后一人。

这也是在许多企业中经常出现的状况吧。每当制定计划的时候,都会遭到四面八方的阻挠而失败。不只在经营层面上,就连现场的工作中也经常出现这样的情况。

防止这种情况发生的最好办法就是减少做决定的人数,并且做决定的人还要有将行动坚持到底的决心和意识。因为**"让所有人都满意"的决定本来就是不存在的。**

"上情下达"与"下情上达"

做决定的人太多还可能导致另一个问题,那就是难以及时行动。

比如在开拓某发展中国家市场的时候,打算在当地新成立一个企业法人。最初的计划是派遣几个人过去,尽快成立企业法人,但在许多人一起讨论的过程中,有的部门提出"我们部门现在人手不足,这次请不要抽调我们的人手",还有人认为预算不足,根据自己的经验来看,"现在不是开拓新市场的好时机"。结果本来只需要一个月左右就可以完成的"速攻计划"被不断地拖延滞后,变得毫无效率。从确立项目到实际开始行动之间浪费了太多的时间。

开拓发展中国家市场的时候,越早行动越有利于成长和发展,而越晚行动则遭遇的困难和阻力越大。因此,如果从做决定到开始行动之间相隔太长时间,就会错失很多商业机会,这个道理不言自明。

明明是需要抢在其他公司之前采取行动的情形,却迟迟无法开始行动——正是因为亲眼见到了这种场面,我才生出由五名副社长再加上我组成的六人体制来做出重要决定的想法。

因为社长与董事长意见相左，导致迟迟无法得出结论的情况十分常见。我答应就任社长的条件之一就是同时让我兼任董事长，我提出这个要求也是为了尽可能减少做决定的人数。

这也可以理解为**我采取了一种"上情下达"的方式**。即使公司处于紧急状况，仍然采用民主主义听取所有人的意见，力求做出的决定能够被所有人接受——这种"下情上达"的方式，不但需要花费太多的时间，而且无法做出能够实现改革的尖锐结论。

这种"上情下达"的方式，需要经营层拥有相当高的觉悟。另外，这样做出的决定也不一定绝对正确，有可能无法获得期待的结果。

但这是我当时唯一的选择，于是我心一横决定拼死一搏。如果没有敢于接受批判的觉悟，"上情下达"的机制就无法实现。在做出这个六人体制的决定之后，我们几乎每周都会聚集在一起推心置腹地进行讨论交流。

不过有时候,"下情上达"也很有必要。

拿航海做比较的话,航线由船长决定,但关于船内设施的保养却需要通过水手们的"下情上达"来决定。根据现场发现的问题向上级提出改良意见,也属于"下情上达"的一种。

像经营方针和经营计划等重要决定通过"上情下达"的方式进行,而现场的具体问题则通过"下情上达"的方式解决,这两种方式并行,是一个企业的理想状态。

现在,很多公司在做决定的时候,大约90%都是"下情上达"的方式。剩余10%难以抉择或是伴随阵痛的决定,则必须通过"上情下达"的方式来做出决定。

"投入"与"撤出"

或许大家都曾经有过这样的经历——被眼前的工作压得喘不过气来,难以将精力投入到自己擅长的工作领域之中,无法发挥出自己真正的能力。

在这样的时候,大概所有人都会把更多的时间投入到自己擅长的或是应该完成的工作中,从而摆脱上述的困境。

对于一个公司来说,摆脱困境的方法也与此相同。对于任何企业来说,重建都要遵循以下两个原则。

一、止血。

二、找到能够盈利的事业。

应该根据这两个原则来制定战略。

当业绩不佳时,经营者只想快点止血,于是会选择降低成本、结构调整、废除或合并事务所、整理资产等方法来筹措资金。虽然这些都是非常重要的经营手段,但一味进行削减会严重影响现场员工的士气。所以在止血的同时,还要提出"从今往后,我们要将业务重点放在这项事业上"之类具体的改革措施。

我将其称为"决定应该投入的事业和应该撤出的事业"。

所谓应该投入的事业，就是今后需要加大投入的事业；而应该撤出的事业则是应该结束或者缩小规模的事业。

日立是一个拥有许多业种和企业的巨大的复合型企业，也就是所谓的综合企业。信息、通信、电力、铁路、基础设施建设、城市开发、汽车零件、家电等都是日立的主要事业。

对于涉及事业种类比较少的企业来说，要想判断哪些事业应该投入哪些事业应该撤出，应该并不困难。但是对于像日立这样拥有超过九百家下属企业的大型企业来说，对所有事业逐一进行精查需要花费的时间实在是太多了。在这样的情况下，只能通过比较大的分类来进行分析。

产业结构经常被比喻为河流，分为上游、中游和下游。

上游、中游和下游不是以行业区分的，即使在同一个行业中也有上游和下游之分。上游是产品的企划和开发，中游是商品的组装和运输，下游就是销售和服务。

比如在石油行业，原油的勘探、开采和生产就是上游，原油的运输和再加工就是中游，销售石油产品则属于下游。

东京大学大学院经济学研究科教授伊藤元重氏指出："近二十年来，日本市场呈现出微笑曲线的状态。"所谓微笑曲线，就是像微笑时候的嘴型一样两端上扬的曲线。如果将这个曲线的形状放到行业当中，就是上游和下游能够获得更高的利润，而中游则难以获利。也就是说，中游在日本的未来发展前景不容乐观。

由于日立是一家大型综合企业，所以旗下包括从上游到下游的许多事业。

比如，发动机、涡轮机、换流器、控制器、特种钢等材料和基础零件属于上游，特别是与材料相关的事业即使在上游中也属于强者。如果没有这些材料，很多零件就无法生产，所以以生产高性能材料为主的子公司日立金属的业绩一直很坚挺。

电力设备、水处理设备、铁路、城市开发、信息通信等属于下游事业。

我们将这些上游和下游组合到一起，**制定了"将重点**

放在社会革新事业上"的方针政策。"社会革新事业"是我们自创的新词，指的是将电力和交通这样的基础设施建设整个承包下来的 B2B 商业活动。我在 2009 年 4 月就任之后立刻制定了这个方针政策。

日立原本就是从矿山发动机和发电机的开发而发展起来的企业，所以在发电站和铁路等社会基础设施领域具有很强的竞争力。而且日立在 IT 领域也有很强的实力，曾经承包过国家、金融机构、基础企业的 IT 系统工程。

将 IT 和社会基础设施建设结合起来形成日立的强项，这就是社会革新事业。

或许对于许多消费者而言，日立就是一家"家电制造商"。实际上，确实有一段时期，日立家电事业的销售额占全部销售额的四分之一。

但家电事业属于中游。像电视机和手机等电子产品的生产和销售事业，今后在日本继续得到发展壮大的可能性几乎没有。由于中国和韩国等亚洲势力的加入，日本一家独大的局面已经成为历史。**在这种过度竞争的局面下，即使日立退出家电行业，在这个行业中仍然有许多其他企业。**

所以这种事业就是应该撤出的事业。于是，日立摘掉综合电器生产商的招牌，以社会革新企业的形象开始重生。

实际上，一开始我并没有意识到应该将精力集中在上游和下游，抛弃中游。但是在寻找公司的强项，打算将主要精力都放在强项上做文章时，我自然而然地就发现了应该投入的事业和应该撤出的事业。我将所有的事业都按照如下的形式罗列出来以作参考。

"上游"：研究开发、高性能材料、发动机、涡轮机、换流器、控制装置

"中游"：电视机、等离子·液晶显示屏、中小型液晶、手机、硬盘驱动、半导体

"下游"：电力系统、铁路系统、信息通信、水处理设备、城市开发

就这样，我明确了日立今后的发展方向，并开始进行止血的工作。

找到出血点

大家的公司或者部门如果出现赤字的话，会怎么做呢？

"我们部门出现赤字，都是经营层（上司）的错"——如果像这样只是抱怨而不思考对策，那么解决不了任何问题。

实际上有很多止血的办法，比如调查自己部门每个产品的原价和材料费用，查清楚销售需要的成本等。就算出现赤字的原因不在自己身上，也要带着替别人擦屁股的觉悟来找出原因。

首先让我们假设自己是社长。**不管企业的规模大小，也不管处在什么行业，就算是家庭也好，出现赤字时应该采取的对策都是一样的。**

一般来说，要想给企业止血，首先要从入不敷出的事业中退出或者缩小规模，进行结构调整和削减成本。有时候还包括向金融机构偿还贷款。

半导体、等离子显示屏、手机，一直以来就是日立的赤字事业。

我在就任社长之后,在半导体领域,立即公布将与三菱电机共同出资成立的复兴科技和 NEC 电子进行合并。同时,我还决定转让等离子显示屏工厂。手机方面,我将与卡西欧的合并事业与 NEC 进行了统一,准备好撤退的道路——这些都是找到出血点并进行止血的例子。只要能发现什么地方在出血,止血相对来说就比较简单。

但是,日立还有看不见的出血点。

日立当时有十六家上市的集团公司。

上市的集团公司独立性很强,好处在于可以独自筹集资金扩大企业规模。但是,也有利益会流出到母公司之外的股东手中的弊端。这也是造成出血的原因。

另外,这些集团公司和日立总公司的事业有重叠的部分,经常出现交易对象就是上市集团公司的情况。日立总公司承包大型项目的时候,会将一部分业务交给上市集团公司去做。这些都会导致日立总公司的利益减少。

为了阻止利益流出到外部,应该怎么做呢?

我的方法是,日立总公司将上市子公司的股票全部买下，将其变为自己的全资子公司（结果，这家集团公司会被禁止上市）。

被日立收购的上市集团公司分别是日立信息系统、日立软件软件工程、日立系统与服务、日立设备技术和日立麦克赛尔这五家公司。之所以选择这五家公司，是因为接下来为了强化社会革新事业，日立需要进入社会基础设施建设、信息通信系统、锂离子电池等相关领域。

这些集团公司的负责人当然提出了反对意见。我自己也担任过集团公司的董事长，所以很理解他们的想法，毕竟他们凭借自身的努力好不容易才将集团公司上市。但是，为了拯救日立总公司，我只能采取这个办法。我曾经多次劝说集团公司的负责人，"现在只能牺牲小我拯救大我"。

于是，我公开收购各集团公司的股票（TOB），到2010年3月将上述公司完全变成日立总公司的全资子公司。后来我又继续对上市集团公司进行收购，曾经的十六家上市集团公司现在只剩下九家。

我们经常在新闻中听说某某大企业又出现了赤字，或者大家所在的公司可能就存在着赤字问题。

在外人看来，或许会认为"应该立刻从这项事业中撤退"，但实际上事情并没有那么简单。经营层总是在寻求将事业卖出，或者与其他企业合并后退出等尽可能减少损失的方法。甚至还有企业因为迟迟无法做出决定，导致赤字事业一直存在。从一项事业中撤出，比想象中更加困难。但是，从公司整体和未来的角度考虑，也就是从最佳选择的角度来考虑的话，除了撤出没有更好的办法。

而且，在进行改革的过程中做出牺牲的不只是集团公司。

如果不对日立总公司进行彻底的改革，无法从根本上解决问题。所以，我同时对日立总公司进行了公司化改制。

最后一人诞生于"健全的竞争"

我并不反对"竞争"。

我甚至认为，**只有健全的竞争才能使员工和组织都得到发展**。

健全的竞争，是在互相承认对方成绩的同时，以提高公司全体业绩为目标的竞争，也可以理解为公平竞争。

不健全的竞争往往充满了勾心斗角的阴谋和互相算计的策略。组织会因为成员之间的相互否定和缺乏合作而出现衰退。

是否存在竞争的环境和体制，这是区分健全竞争和不健全竞争的基准之一。没有规则、允许场外乱斗的竞争不能被称为健全的竞争。

应该如何进行评价、应该与谁进行战斗、怎样才算取得胜利——必须明确这些内容，才能让人安心地进行竞争。

也就是说，鞭策员工，**创建一个能让员工进行健全竞争的"体制"**，就是我接下来的任务。对此，我采取的一种方法是"内部公司制"。

所谓内部公司制，就是将日立总公司内部的事业部门都分割成独立的单位，并将每个单位都看作是一个独立的公司。这样做的优点在于，公司的负责人都拥有与社长相同的权限，所以他们能在第一时间做出决定，明确责任所在。

以前，日立总公司对于利益的计算非常不精确。业绩差的部门和业绩好的部门被合在一起进行计算。因此，赤字部门的领导和员工都没有丝毫的危机感，甚至还出现到了年末部门经费只用掉一半，结果趁最后几天把部门经费拼命地全部花光的情况。

内部公司制并非日立首创，自从1994年索尼引入以来，松下和东芝等许多企业都纷纷引入。不过，NEC、富士施乐和索尼都早早地废除了这种制度，因为它存在以下这些弊端。

一、公司之间的合作性变差，无法推出需要多个公司合作的新种类产品

二、各个公司同时推出多个类似的产品和服务

三、导致经营资源分散

四、因为责任重大，所以领域变得模糊不清，就算取得了成果也迟迟无法发展为事业

由于各个公司都重视自身的利益，所以可能不会选择对于整个公司来说最佳的行动。

在NEC、富士施乐、索尼等企业废除内部公司制很久以后，日立才开始引入这一制度。正因为有这些前车之鉴，日立采取了由少数人做决定的办法，在一定程度上避免了上述问题。但**由各个部门都派代表参加的多人数的会议效果不佳**，所以日立选择了"少人数会议"的方法。对此，我将在后文中为大家介绍，这种做法不但避免了问题还带来了一些好处。

首先，我们将日立的事业分为以下六个公司。

"**信息通信系统公司**"除了提供信息存储与服务器、中间件、信息网络机器等IT设备之外，还提供IT技术支持和系统集成等解决方案与服务。

"**社会与产业基础设施系统公司**"负责产业用机器的开发，提供与设备相关的整体解决方案，还负责铁道系统与水处理事业。

"**电力系统公司**"负责原子能和火力、水力等传统发电系统的开发，以及太阳能与风力发电等新能源的开发，发展提供配送电设备等与电力相关的事业。

"城市开发系统公司" 负责滚梯、电梯与地面传送带等以升降机为主的开发制造与维护。

"信息控制系统公司" 提供从信息到控制系统的整体解决方案。同时还负责与其他公司之间的横向交流。

"防卫系统公司" 负责防卫与大规模灾害发生时的复兴支援、重要设施防护等危机管理事业。

虽然这些都是总公司的事业,但每一家内部公司的地位都相当于上市子公司。每家公司都采用独立核算制,也就是说,过去大家一起用总公司的钱包,现在变成每个人用自己的钱包。

虽然现在只能确认整个事业部的利益情况,但**每个内部公司都需要提交借贷对照表和损益计算书**。这样一来日立总公司就可以和普通的企业一样,确认流动资金以及资产负债等财务状况。这种做法对于让所有员工都产生最后一人的意识非常有效。

用"领跑者方式"来进行竞争

产生责任意识后，如果手中没有权限的话也不行。所以，各个内部公司都拥有一定的权限。

比如信息通信系统事业，在面向全球化加速展开而对咨询企业和数据中心相关服务企业进行收购的时候，只要金额没有超过一定数额就可以不必经过经营会议的审批直接进行投资。

如果投资的事业无法收回成本，那么说明这家公司的负责人的判断有误。一旦财政出现赤字，负责人也必须自己决定是应该立即撤退还是继续坚持。另外，还要考虑用什么办法来弥补赤字造成的损失。

当然，如果是黑字的话就可以进行更进一步的投资。

这样一来，各个内部公司就必须更加认真地制定事业战略，在竞争中自然就会针对其他竞争对手来思考获胜的战略。如果不对竞争对手进行分析，不思考具有差异性的战略，就很难实现黑字。

除了提出"竞争"的口号外,创建一个"竞争的环境"也尤为重要。

尽管各个内部公司从事的事业完全不同,但仍然可以在工作方法上进行竞争。在日立集团内部,有一个"领跑者"的概念。

举个例子,如果有一个内部公司制定了能够让研究开发的成果尽快商品化的制度,那么这个内部公司就会得到高度赞扬,并且会反映在该公司的等级(后述)上。有的公司擅长开拓新兴市场,这种领跑者的姿态也会受到大力称赞(领跑者方式)。

集团公司日立建机为了培育人才,举办了"国际技能大赛"。许多国内外的顶尖技术者前来参加,比赛项目包括测量、焊接、涂装等。通过世界范围内的竞赛,员工的技术水平得以提高。这种培育人才的方法也被其他集团公司借鉴。随着员工们相互切磋磨炼,一个健全的竞争体系也在逐渐形成。

日立集团的"内部运动会"就属于一个竞争的平台。在后述的"日立智能改革项目"中,就有一个专门让各个集团公司发表成果的机会,通过共享先进事例来创造健全的竞争环境。

像这样健全的竞争意识,也有利于将每一名员工培养成最后一人。员工自己作为公司的一分子,也必须为公司的发展做出贡献。在员工产生这样的意识后,企业才能真正地实现活性化。另外,这种"内部运动会"都是由日立总部的财务、人事、教育等公司部门负责。公司部门与其说是管理部门,不如说是服务部门,主要负责推进各个公司之间的联合经营。

如何拥有"经营者意识"

如何让每一个员工都拥有"经营者意识"呢？

让我们通过建立内部公司制后引入的"社内等级制度"来进行思考。

大家对于"等级"这个词肯定并不陌生。标准普尔和穆迪投资这样的评级公司，会用 A 到 D 来对企业进行评级。投资家会根据企业的等级来决定是否进行投资。

日立也用这种方法对内部公司进行评价。标准共分为优良（A）、普通（B）、警告（C）、问题（D）四个等级，除此之外还有"AAA"和"B+"之类更为详细的评价。

在这种情况下，日立总公司的经营层就相当于金融机构。

获得 A 评价的公司就算投资数百亿日元的项目也不必向总公司请示，而 C 和 D 等级的公司则很难获得贷款，甚至经营层还会派人过去帮助这些公司整顿事业。

此外，集团公司的负责人还会通过"Hitachi IR Day"的投资说明会，对自己公司的业绩和经营战略进行汇报。

过去日立总公司的经营层都是统一对各个事业的业绩和经营战略进行报告。由于都是由经营层出面，所以即使自己的部门出现赤字，该部门的负责人或许并没有相应的责任意识。

但现在集团公司的负责人必须自己解决问题。明年的销售额将要提高多少，对什么部门进行多少设备投资将会获得多少利益——所有问题都必须由负责人自己进行说明。

不只国内，对于海外的事业展开也必须说得清清楚楚。

只是提出"全球化战略"的目标是远远不够的，应该通过参照分析（对其他公司的优秀经营方法和市场战略进行分析，改善自己公司的经营和销售方针的经营管理方法）来制定对策。所有的集团公司都必须做到这一点。

比如在信息通信系统上的竞争，国内有NTT、富士通、NEC，国外有EMC、微软、IBM、甲骨文等。国外企业的销售利润率在10%以上，销售额也在十兆亿日元以上，我们完全无法与之相比。日立的信息通信系统在2013年度的销售额是一兆九千三百四十九亿日元，销售利润是一千零六十五亿日元；2014年度（预计）的销售额是两兆两百亿日元，销售利润是一千两百亿日元。另外，海外销售额比率或服务销售额比率都有一定比例，必须通过数字明确地表示出来。

在此基础上，公司负责人还要说明事业方针，今后将要强化什么事业，以及如何强化经营基础等问题。

投资者们为了确定投资是否能够得到回报，会对经营者进行有针对性的询问。这种情况下，经营者就必须针对如何在竞争中获胜、提高利益的具体战略、经营资源如何分配等问题进行直接的说明。

因为这个说明会将直接决定投资者们会给日立集团投入多少资金，所以集团公司负责人的责任非常重大。每当听说要召开投资说明会的时候，集团公司的负责人都会脸色一变。

在引入这一体制后，据说有的负责人还专门找到总务部说"我们卫生间里的手纸是不是太高档了，能不能换便宜点的"。

我们经常听说"让每一名员工都拥有经营者意识"，而实际操作起来却非常困难。但是，只要建立起这样的体制，不管是否自愿，每个员工都会产生经营者意识。这样一来，成为最后一人的意识也会逐渐形成。

另外，内部公司制后来也发生了改变，现在日立总公司内部有卫生保健公司、电力系统公司、基础设施系统公司、交通系统公司、城市开发系统公司、防卫系统公司、信息通信系统公司等七家公司。

现在的日立已经将子公司与内部公司统合为一个整体。从材料、关键零部件到产品全由自己制作，维护和最终的服务也由集团内部提供，从而实现了产业发展周期利益的最大化。

真正紧急的时候"根本来不及畏惧"

股价二百二十七日元。

我永远也忘不了看到这个数字时的冲击感,当时我恨不得用双手抱住脑袋。日立的股价曾经高达两千零四十日元(过去十年来的最高值是2007年4月的九百四十七日元),笼统地说,现在已经跌到了巅峰时期的十分之一。

"糟了,是我判断失误吗?"我的脑海里忽然闪过这样的想法。

这是2009年12月,我决定进行公募增资之后发生的事情。

要想使企业起死回生,资金是必不可少的。

重整事业,为走向下一阶段的成长做好准备,这些都需要相当多费用。但是,日立并没有足够的资金。2008年3月末,日立自身资本的比率为20.6%,但这一数字在2009年9月末下降到10.9%。日本企业自身资本比率的平均值为20%,制造业的自身资本比率大约为35%,所以,日立当时的这一数值显然是非常低的。

自身资本比率低的企业被认为能力不足，所以没有顾客愿意向这样的企业购买铁路和发电站等大规模产品。这样一来就会使企业的业绩下滑从而进入恶性循环。所以，必须想办法改善财务基础。

于是，我想到了公募增资的办法。公募增资是股份公司向社会广大投资者公开发售股票的发行形式。

日立上一次进行公募增资是1982年在纽约证券交易所上市时在美国进行的，距今已经时隔二十七年。

在企业业绩比较好的时候，利用公募增资来扩大生产规模很容易得到理解，但在业绩不好的时候进行公募增资则可能会遭到股东的反对，因为增加股份就意味着原来每一股的平均价值减少了。

尽管我有心理准备，但发表公募增资的消息之前日立的股价是二百九十四日元，发表消息后股价连续下跌了两周，最终的发行价是二百三十日元，原计划筹集超过四千亿的资金，结果只筹集到三千五百亿日元。

这件事给包括我在内的经营层带来了不小的打击，因为股票市场似乎对我们公募增资的决定给出了否定的答案。

面对这个现实,有人甚至灰心地说出"看来还是放弃的好",但现在我们已经无路可退。

于是,我们怀着破釜沉舟的决心,开始轮流对股东进行说明。

日立的股东大约有35%都是外国人(截止到2014年3月约为46%)。

经营者和财务负责人分成几个小组,分别前往美国、欧洲以及亚洲地区对股东进行说明。我负责的是北美东海岸,在十天时间内往来于纽约、波士顿、新泽西等城市。

我每到一处,股东们都面色凝重地等着我。

他们只是用锐利的目光注视着我,对我说"来说给我们听听吧"。结果,我把资料分发给他们开始说明之后,有的人开始摇头,还有的人仰天长叹。

然后没等我说完,对方就会很激动地说道:

"为什么会让事情发展成这样?"

"当时我就提出停止那项事业，为什么没有实行呢？"

"为什么从银行贷不到款？日本的银行不是可以用很低的利息进行融资吗？"

但是，不管面对怎样的指责，我都只能反复说明。

"现在我们正在以最快的速度进行事业整顿和组织重组，在电力和铁路等社会革新事业上还有成长的机会。但是，日立的自身资本比率已经下降到接近10%。为了提高信用度，我们必须通过公募增资的方式来提高自身资产比率。"

在我对资料进行说明的过程中，有的股东甚至一边大喊着"这种增资我无法认同"，一边将资料扔到一旁。日立为了弥补股价下跌造成的损失，难免会和资金提供者的想法有所冲突，所以这些机构投资家才这么激动。

其他地区的投资人中，有一些人无论如何也想与身为董事长兼社长的我亲自沟通，于是我立刻通过视频电话与洛杉矶的投资者们进行了通话。对方一开始就涨红了脸，用力拍打资料大声地说道："这个方案我不同意，现在赶紧给我回到日本去。"如果我站在他面前的话，或许会被他抓住狠狠地打一顿吧。

对方很拼命，我们也一样很拼命。不管对方提出怎样的反对意见，我们都只能重复说明，现在只有公募增资这唯一的办法。当我结束了整整一个小时都在被责骂的视频电话之后，整个人都累得精疲力尽。

尽管精神上和肉体上都承受着巨大的压力，但在"如果现在不能进行公募增资的话，日立就完蛋了"这种危机感的驱使下，我丝毫没有放弃的念头。

去其他地区进行说明的副社长们每天都会通过电话和邮件报告进展情况，与我共享情报。而且，没有一个人在这个时候说出"还是放弃吧"之类的话。

经过十天的激烈战斗，大多数投资者都同意增资。与其说是被我们的诚意打动，不如说是我们那即使遭到斥责仍然百折不挠的决心，迫使他们放弃了原来的想法。也有可能是因为他们做出了"只要能够取得结果就好"的合理判断，或者说是认识到"如果现在拒绝导致日立破产的话，那就血本无归"……

当投资者们在同意书上签字的时候，我心里很想对他们深深地鞠上一躬,同时也下定决心:"绝对要让日立起死回生。"

在我回日本的前一天晚上,我在纽约的宾馆里与分散在世界各地的成员们进行了电话会议。大家在这十天里一定也都在废寝忘食地四处奔走吧。我真的很想拍一拍他们的肩膀,表达一下我的慰劳之情。

"自从我进入日立以来,卖过很多东西。但卖股票却是头一遭。"

我通过电话对大家说道,

"与普通的商品不同,股票没有保修证。我第一次卖没有保修证的商品。所以,投资者都是因为相信日立才会购买日立的股票。既然如此,我们绝对不能辜负大家对我们的信任。"

这并非我事先准备好的发言,而是这十天来的经历使我产生的真实想法。

我并不是擅长进行热情演讲的人,所以这个时候也只是平静地传达自身的想法而已。但后来我才知道,当时甚至有人在听到我的话之后热泪盈眶。实际上,我对那一天的感受也是终生难忘。

最终，我们筹集到了三千四百九十二亿日元资金。通过这些资金，日立成功地将计划中的五家公司变为自己的全资子公司，为接下来的成长打下了良好的基础。正是通过对社会革新事业的投资，日立才能够实现构造改革。

铺好了能够在一定程度上消除赤字的道路，使日立具备重新站在世界舞台上进行战斗的资本之后，我在2010年4月辞去了社长的职务，将接力棒交到了中西宏明的手中。尽管距离我就任社长只过了一年时间，但我不可能一直同时兼任社长和董事长两个职务。虽然和预想不同，但确实开始出现错失订单的情况。毕竟分身乏术，只有一个人在全世界飞来飞去是不够的，在度过危机时刻之后，还是应该回到董事长与社长并行的体制中。

减少做决定的人数，利用上情下达来进行改革固然很有必要，但如果长期持续下去，则很容易出现"独裁经营"的弊端。

从那以后的四年间，我作为董事长与中西宏明一起引领日立改革的前进方向。

| 第二章 |

以"盈利"为目标的思考习惯

不要"自以为是"

发现问题点的"摄像头"

在滑雪或打高尔夫时,本以为自己摆出了最完美的造型,但随后看照片的时候才发现根本不是那回事——你是否有过这样的经历呢?我就曾经在看打高尔夫的照片时才发现自己腰扭得太大,肩膀抬得太高。

自己以为的自己,和周围人看到的自己完全不同。如果你用一个数码摄像机或者智能手机放在五米之外对自己进行摄影,就能够一目了然,因为摄像机拍下的都是自己最真实的样子。

我认为,任何人和任何公司都需要一个"摄像头"。

这里所说的"摄像头",指的是第三方的视角。

或许你认为自己是一个心思缜密的人,但周围的人却认为你的性格大大咧咧,或许你认为自己工作非常努力,但上司却对你的评价不高。在这件事情上并没有谁对谁错,关键在于,如果不了解"自己的视角"之外的客观评价,那么就不知道应该对什么地方进行怎样的改正。

企业也是一样。

幸好我曾被调往子公司工作，得以站在日立总公司之外的立场上对其进行客观观察，结果使我发现了很多之前一直没有觉察到的问题。但是，如果没有像我那样的机会，一直在同一家公司里工作的话，就很难站在客观的角度上对自己的公司进行观察。

如果只有内部的人员进行讨论，那么在自我感觉良好的意识影响下，最多只能做到"改善"的程度，而难以实现"改革"。所以，企业更需要第三方的客观评价。

2012年，日立的社外董事人数增加到三人，其中有两名外国人。这样一来就有超过半数的董事是社外董事。到2013年，日立又增加了一名外国女性作为社外董事，这种情况在日本是非常少见的。

尽管社外董事的人选是由我决定的，但由于社外董事主要承担监督的责任，而且与公司没有直接的利益关系，所以能够自由地提出自己的意见。在极端的情况下，如果社外董事认为现在的社长并不适合日立的话，甚至可以将社长解任。

正因为有这样的"摄像头"存在，社长才会在经营中保持紧张感，也不用担心社长将公司"私有化"。

日立在 2011 年开展了横跨整个集团、以削减成本为目标的"日立智能改革项目"。概括地说，就是"成本方面的改革"。

通过集团企业统一采购资材、重新设计产品、零件共通化等方法来减少成本。除此之外，还将经理和资材调配等间接部门的业务集约在一起，提高工作效率。

实际上，集团企业之前一直也在努力降低成本，而"智能改革"导致工作量一下子增加了不少，所以很多人都对此表示不满。但日立在两年间成功地减少了一千一百亿日元的成本。通过在国内外彻底执行"智能改革"，日立计划在 2015 年实现累积减少成本四千亿日元的目标。

日立在包括社外董事参加的会议上发表了智能改革所取得的成果。对于公司内部的人来说，削减了大约一千一百亿日元的成本，这是了不起的成果。

但外国的社外董事却毫不留情地说道：

"日立付出的努力我们有目共睹，但销售利润率提高了多少呢？只用这个方法，无法实现两位数的利润率，所以应该提高产品的单价。"

说出这句话的，正是美国企业 3M 的前 CEO 乔治·巴克利。

3M 就是发明了大家非常熟悉的"报事贴"的公司。3M 的销售利润率大约为 20%，而日立有大约十兆日元的销售额，却只有 5% 多一点的销售利润率。坦白地说，要想在世界舞台上战斗，这个数字远远不够。

即使削减了大约一千一百亿日元的成本，还远远达不到国际化大企业的水准。在认识到这个事实之后，社内董事们都动摇了。

"为了取得这样的成果我们已经付出了很大的努力"，但是在海外的企业看来，改革仅仅刚刚开始。

尽管这是超出我意料之外的严厉意见，但同时我也深刻地认识到"安装一个摄像头果然是明智之举"。

如果没有这个摄像头，当成功削减一千一百亿日元成本的时候，我们或许会心满意足地想"干得漂亮"。事实上，这对于日本的企业来说确实是很了不起的成果，但在摄像头看来，却"做得还不够"。即使社内董事时刻带着全球化企业的意识，而且积极搜集海外企业信息，也无法做到感同身受。

能够让自己的意识之中尚未"打开"的部分觉醒的摄像头是绝对必要的。如果什么事都由自己来做，很容易沉醉在自己的判断中，导致你难以看清真相。在这种情况下，最有效的方法就是安装一个摄像头。

这种方法不只适用于经营者，公司里的部门，甚至每个员工都需要使用这种方法。对于一个部门来说，上司就是摄像头，对部下的工作进行监督。对于这位上司来说，社内董事或者社外的顾问之类的人物就是摄像头。

如果在工作遇到困难的时候有一个人给你提出一些建议，就可以避免自以为是地做出错误的判断。尽管领导最终必须自己一个人做出决定，但在做决定之前还是应该尽可能多地听一听别人的意见。

为了让员工自身拥有摄像头的视角，可以暂时让他离开公司。极端一点说，可以让员工休假甚至辞退，让他从事一段时间其他的工作然后再回到日立，那么他肯定会发现一些之前一直没有觉察到的事情。很多人认为，如果一直在同一个公司或者部门里工作,对于升职加薪都有好处。但我认为通过人事调动或者跳槽暂时离开现在的工作环境也同样能够使你获益良多。

用十五分钟"得出结论"

据说,会议时间占员工总工作时间的20%—30%。而对于经理级别的人来说,这个时间甚至高达60%—80%。这样一来,甚至可以说上班就是为了参加会议。

大家平时有没有过"这种会议根本没有必要"的想法。

实际上,会议也是有成本的。

因为开会的行为本身似乎并没有什么支出,所以人们难以意识到会议的成本,但仔细想一想就会发现,参加者的人工费(工资)、光热费、资料费、饮料费、会议室使用费,这些都是成本。除此之外,参加者在参加会议的过程中无法进行其他工作,所以如果会议时间太长,还可能会造成"机会损失"。

粗略地估算一下,月例会每年大约消耗一千万日元以上的成本。如果每周都召开会议,那么消耗的成本将会提高4—5倍,如果每隔几天就开一次会,消耗的成本恐怕将高达上亿日元。如果花费这么多成本召开的会议却无法得出有意义的结论,那实在是非常严重的浪费。

被称为管理学之父的彼得·德鲁克曾经说过:"一个大家都在开会的组织就是什么也没做的组织,如果四分之一以上的时间都用来开会的话,这说明组织的构造存在缺陷。"

我也赞成这种观点。因此,为了减少会议的浪费,我尽量不召开只以联络为目的的会议,如果必须召开会议,也一定要在规定的时间内得出结论。

要想在会议时间内得出结论,必须牢记两点,那就是**"遵守时间"和"即便情报不足,也一定要做出决定"**。

会议当天,首先听取参加者的意见。我不会一开始就做出"结论"。"最终做决定的人"不能先发言,而应该让会议的参加者发言,这样可以让反对意见一个接一个地浮出水面,使讨论更加活跃。当会议达到规定的时间时,就立刻停止。只要问题不是太多,这次的会议内容就不要带到下一次。

当参加者们认识到会议时间不允许他们悠闲地进行讨论时,就会事前准备好会议时的发言内容,清晰地表达自己的想法。这样会议的讨论效率自然能够得到提高。

对于另外一点"一定要做出决定",关键在于坚持"结论要上情下达"的原则。虽然听取大家意见的过程很重要,但公司不能完全民主。关于问题点和需要注意的地方,在计划进行的过程中会逐一进行解决,但在会议中必须坚持上情下达的原则来做决定。

"**无法做出决定的原因**"非常简单,是因为在会议过程中不断地出现"必须听取某个部门的意见"或"情报不足"之类阻碍决定的因素。所以,必须彻底避免这些因素出现。

有时候我会遇到必须当场做出决定的情况,一般来说我都能够做到当机立断。

这可能与我年轻时就养成了"十五分钟之内得出结论"的习惯有关。如果不能在十五分钟之内得出结论,那么就算为这个问题烦恼三十分钟或者一小时以上也无法得出结论。

最近有研究表明,一个人一次集中精力的时间只有十五分钟。在同声传译行业,像国际会议或峰会之类的重要场合，翻译要每隔十五分钟更换一次。日立的董事会议也需要日语和英语这两种语言以同声传译的方式进行，所以也采取同样的对应方法。

如果是公司全员参加的大会当然不可能在十五分钟之内结束，但**日常与部下之间的会议只要十五分钟就足够了**。我担任技术职务的时候曾经有过拿着产品设计图反复讨论"这个设计能不能行呢"的经历，但实际上这完全是在浪费时间，所以不如"首先做个样品看看"，直接采取行动，因为我是个喜欢在奔跑中思考的人。

有句俗语叫"笨人想不出好主意"，如果没有好的想法，不管思考多久都只是在浪费时间。所以，思考到一定程度后，姑且先采取行动，即便还处于没有得出结论的假设阶段也没关系，只要在行动之后得出结论就好。

大家一定也有过必须在会议上做出结论，或者必须给部下做出指示的经历吧。在这种情况下，应该尽量将做决定的时间限定在十五分钟之内。只要坚持进行这样的训练，任何人都能够做到。所以，请养成在十五分钟内得出结论的习惯吧。

你有"盈利意识"吗

2014年4月,我开始担任经济产业省主办的研究会的委员职务。

这个研究会的名字叫"日本'盈利能力'创出研究会"。研究会的会长由东京大学大学院教授伊藤元重担任,其他委员包括经营共创基盘董事长兼CEO富山和彦氏、野村综合研究所顾问增田宽也氏、小松集团的野路国夫董事长、味之素的山口范雄董事长等人。"盈利能力"这么直白的名字,在之前的政府活动中是从未出现过的。之所以会取这样的名字,是因为随着法人税减少等经济环境的调整,政府希望企业能够赚取更多的利益并且回报社会,这也是提高日本经济力量最重要的基础。研究会的讨论内容主要包括提高企业的盈利能力、维护地区经济的持续发展,以及培养新兴产业等。

我认为,企业的责任不只在于维护员工和股东的利益,更重要的是回报社会。

提高员工的工资、增加雇佣数量、给股东分红、将利益的一部分作为税金缴纳给政府和地方自治体使其能够发挥作用。同时，将投资用于采购设备、研究开发和人才开发，赚取比维持公司所需成本更多的利益，将这些多出来的利益返还给社会，增加自身的社会附加值，这才是一个企业应有的姿态。

为了实现这一目标，首先必须要盈利。**不能盈利的企业，不但无法给社会做出贡献，反而还会成为社会的负担。**

企业必须盈利——研究会之所以没有用"提高利益和收益"之类的名字，而特意使用了"盈利"这两个字，就是因为如果没有盈利意识，便无法改变企业的体制。

不只经营者必须拥有盈利意识，普通员工也需要拥有盈利意识。很多员工都以为"利益是上司带来的"，但如果不改变这种依赖他人的想法，不让每一位员工都拥有凭借自己的力量来盈利的意识，企业便无法战斗，更别说在全球化的竞争中成为领跑者了。

我在以科长级别为对象的研修中曾经说过这样一句话，**"必须对金钱的气味有敏锐的嗅觉"**。这是比"盈利"更加露骨的字眼，但也更加通俗易懂，更容易培养人们的盈利意识。

不管是国内还是国外，企业都经常对员工宣传"培养盈利能力，这是公司的根本"，但员工在听到这句话的时候往往是一头雾水。

特别对年轻的员工来说，公司更多地"是自我实现的舞台"，"是提高自己工作经验的场所"，所以他们不理解"为什么要将赚钱放在第一位"。

在这里我需要先澄清一点，我不是在一味地强调赚钱，而是在强调企业的社会存在意义。

企业获得利益，然后将利益回报给社会，推动社会良好发展，这样企业就发挥了调整社会平衡的作用。

世界上的著名企业，大约在十五年前就已经着手培养自己的盈利能力。

比如 GE 在大约十五年前就开始积极地进行收益构造改革（为了提高收益，采取退出亏损事业、裁员等措施）。GE 的销售利润率大约为 15%，而日立只有 5.5%，相差可不是一星半点。

在我成为社长之后进行的改革中，有一些是海外的机构投资家们曾经指出过的问题。但之前日立的经营者们之所以没有采取行动，或许是因为他们认为自己对公司和经营要比投资家们更加清楚。在此期间，欧美的同类企业都进行了构造改革，由此可见机构投资家们的宏观眼光果然是正确的，而我们的想法太天真了。

寻找"能够在世界范围内取胜的事业"

那么，应该如何盈利才好呢？让我们以日立为例进行思考。

2014年4月，日立将铁路系统部门的总公司设在英国。

很多人并不知道，日立在2005年成功获得了英国的铁路车辆订单，2012年和2013年成功承包了英国城市间高速铁路的相关业务，总费用大约为一兆日元。不只销售车辆，同时还包括车辆的后续维修和保养业务。这意味着日立今后几十年都有非常稳定的收入来源。

当时，欧洲市场已经有德国的西门子、法国的阿尔斯通以及加拿大的庞巴迪等大型铁路公司。日立正是在与这些对手的竞争中脱颖而出。

尽管日立在国内也有包括JR和各家私铁在内的客户，但国内市场未来的发展非常有限。放眼全世界，未来需要铺设铁路的国家比比皆是。所以，显然这是一项很有盈利前途的事业。

欧洲的车身大多是用不锈钢制成的，日本的车身是铝制的，所以又轻又结实是日本车辆最大的卖点。英国铁路的订单，以前延期一年以上交工都是常事，而日立不但准时交工，甚至能够在铁路正式运营半年前就提供一部分车辆进行试运行。就连时任英国首相的布朗先生都盛赞"On time, on budget"（准时、预算内）。顺带一提，日立制造的英国东南铁路的高速列车Class395，因其"外形美观"而深受国外铁路爱好者的喜爱。

日立打算以英国为基点拓展欧洲和东南亚的铁路市场，所以将铁路部门的总公司设在英国，并且聘请亚利斯塔尔·多尔梅担任日立交通系统业务全球首席执行官，建立起一整套在当地进行生产和维护的经营模式。

像铁路事业这样"能够在世界范围内取胜的事业"，毫无疑问是能够盈利的。

另外，**判断一项事业是否能够取胜，必须以行业内的领先企业作为基准来进行比较**。比如在全世界范围内市场份额占据前两位，那肯定是能够取胜的事业。但如果只排在三四位，就应该通过与排名五六位的企业合并之类的方法来继续提高自身的排名。如果排在五六位，那就有点问题了，或许应该决定是否要退出这项事业。

根据需求开展商业活动

如果只是像"销售铁路车辆"一样销售产品，或许还不能称为"能够在世界范围内取胜的事业"。如果一次交易就结束了，那么在当地对商品没有需求之后，商业活动只能被迫停止。

所以，能够在世界范围内取胜的事业，应该是**在交易结束之后提供高品质的服务，为顾客解决问题的"解决问题型服务事业"**。

以铁路为例，在日本，生产商将车辆生产出来交给铁路公司之后，车辆的维修和保养都由铁路公司自己负责。但是，在英国必须由生产商对车辆进行维修和保养。

于是，我们灵活运用大数据，通过无线网络将行驶的列车和维修站连接在一起，对车辆的运行状态进行实时的监控和维护。因此，我们能够事先发现可能出现故障的地方，在进行定期检查时更换零件。另外，通过对车辆的某个仪器出现何种征兆后会发生故障之类的数据进行收集和分析，我们就可以做到防患于未然，尽量避免因为故障导致车辆停驶的情况。

像这样的解决问题型服务事业,就是根据顾客的需求展开的商业活动。不能只是单方面地提供产品和服务,而应该站在顾客的立场上思考,将商业活动渗透进顾客的活动之中。

我们首先从对顾客的业务分析开始,"在构筑商业活动以后寻求最终优化",**研究如何为顾客提供"更进一步的最优解决方案"**。

比如对新加坡交通局,我们不仅卖给他们公交车和电车,还通过大数据给对方提供了很多关于运输组合运行的方法与建议:

"当铁路的某个点出现事故时,公交车可以作为应急的运输方案。只要通过电脑控制,就可以迅速实现运输切换。"

听到我们提出的方案时,客户都非常高兴。

能够在全世界范围内取胜的事业,也就是能够让当地人感到高兴的事业。所以,增加社会附加价值的意识是必不可少的。我在2012年参加了一场在东京举办的讨论会,当时,国际货币基金组织(IMF)的总裁克里斯蒂娜·拉加德这样说道:"IMF 的目的不是促进世界经济的成长,而是通过经济成长增加社会附加价值,通过对利益的分配实现消除贫困的最终目的。"这也是每一位商界人士应该时刻牢记于心的内容。

另一方面,家电事业是必须通过大量生产和大量消费才能够得到发展的事业。只有在经济飞速发展时期和泡沫经济时期那样家电产品尚未普及到所有家庭的时代,以及家电不断更新换代的时代才能称得上是主流事业。

现在的日本少子高龄化现象愈发严重,每一个家庭对家电产品的需求都基本达到饱和,家电事业在日本也几乎没有发展前途。虽然发展中国家对家电的需求仍然非常旺盛,但日本国内的生产工厂数量应该逐渐减少。

像这样找出能够在全世界范围内取胜的事业,认清能切实盈利的事业并精心培育,这是今后领导必须具备的能力。

当然,也正如我反复强调的那样,即使是部门的领导也应该具有盈利意识。如果不知道自己部门的产品和服务能够盈利多少,在什么方面有需求,那么领导就很难制定战略计划。"只要努力销售就一定能够卖出去"的精神论已经不适用于现在的时代，**根据数据进行分析，指明通往胜利的道路才是领导应该做的事情**。

社长"只是一个职务"

当今时代,领导需要具备什么能力?

经常有人对我提出这个问题。

在日本,有像松下幸之助氏、本田宗一郎氏、盛田昭夫氏那样具备领袖气质、引领时代潮流的领导者。即使他们去世几十年,世间仍然流传着他们的事迹,不难理解为什么很多人都憧憬这样的领导。

但是,**我并不属于"具有领袖气质的领导"**。日立除了创始人小平浪平以及第二代社长仓田主税之外,包括我在内的其他人都称不上能够名留青史的"具备领袖气质的经营者"。或许这也算日立的特色之一吧。另外,这也说明在公司创业时期,领袖气质是必不可少的。但当创业成功之后,企业需要的是能够像接力赛跑那样将接力棒一代一代地传下去的领导。如今,反而是这样的领导更能够对企业进行改革,也更能够发挥盈利能力。

我一直认为,**社长"只是一个职务"**。

我不认为社长是出人头地的最终目标。社长只是一个专门负责"提高业绩"的职务罢了。

很多人都没搞清楚一点,那就是社长并非终点,而是起点。

作为最后一人的社长,具有两个责任。

一个是取得能对公司和社会做出贡献的业绩,同时保持公司持续发展,作为经营专家发挥自身才能。

人们对社长的评价,全看他取得的业绩。

就像销售人员必须是销售专家一样,社长也必须是"提高业绩的专家"。

还有一个,就是作为公司的代表进行活动。

成为社长之后,经常会作为公司的代表受邀参加各种活动,而且不管在公司内外,都会被人如众星捧月一般地对待。

确实,有很多社长都将工作的重点放在这两个责任上。大家的公司是不是这样呢?

过去的社长,就像戴在头顶的帽子一样,只要做出一副高高在上的样子就好,但现在这一套已经不管用了。股东对业绩的要求很严格，有没有盈利、股价提高了多少——只有这些能用数字明确表示的内容才是社长的评价基准。

最近，从别的公司挖来优秀人才担任社长的情况越来越多。欧美企业经常采取这种方法，但我认为这种方法或许并不适合日本企业。日本的每个企业都有非常独特的企业文化，还有很多自从毕业就入职工作几十年的老员工。在这样的环境中，忽然来了一个与该行业完全无关的人来担任社长，社员恐怕很难接受。所以，**还是由在这家企业工作多年对公司内部的情况非常了解的人来担任社长比较好。**

有时候我们会听到"最年轻的社长就任"之类的新闻，即便市场最初对其也抱有期待，但如果业绩不佳立刻就会遭到批判。不管是不是改革派，业绩都是决定一切的关键，而且公司的业绩还会影响到股价。**每一名社长都有一张要求十分严格的成绩单。**

如果股价上涨，说明你的战略成功了。如果股价下跌，说明你作为社长对公司的指挥有误，或许应该尽早退位让贤。

社长和公司的领导层并不是"铁饭碗"。作为经营者，甚至更应接受成果主义的评价。你取得的成果是否对得起你的工资？如果公司有客观的评判基准，那么领导层在工作中必须时刻保持紧张感。越来越多的公司采用董事会的形式对公司进行客观评价，正是出于上述的考量。

社长必须具备"盈利意识"。

社长必须从自己公司的事业中，找出哪些是能够盈利的事业，判断哪些是应该投入的事业、哪些是应该缩小或者撤出的事业。当今时代，商业环境瞬息万变，认为只要沿袭前任的战略自己就能高枕无忧的想法完全是大错特错。

我认为，只要有身为社长的觉悟，任何人都可以当社长。虽然经常说"领导必须具备领袖气质"，但实际上并非如此。

关于"领导者应该具备的能力"，江户时代的禅僧铃木正三列举出了以下七点。

一、具有先见之明

二、准确把握时代潮流

三、能够笼络人心

四、德高望重

五、对自己组织的未来有构想

六、拥有大局观

七、言谈举止符合身份

这七点即便放到现在也仍然适用。

如果再加上一条,那就是不被传统束缚,敢于推行壮士断腕般的改革,并且拥有绝不动摇的决心。

上述这些能力都可以通过自身的努力掌握。在下一章中,我将为大家介绍掌握上述能力的方法,请大家一定要尝试一下。

年功序列无法盈利

　　2014年9月，日立制作所废除了国内管理职务按照年功序列发放薪水的制度，改为职务等级制。

　　电视新闻报道了这一消息，当时还引发了民众的讨论。由此可见，年功序列制在日本的企业之中仍然根深蒂固。

　　从我自己的角度来说，因为一辈子都在日立工作，所以我认为终身雇佣制很好。

　　但是，年功序列制对于一个全球化企业来说，却并不是一个合适的制度。

　　如果"A先生成为部长的话，那么和他同年入职的B先生也必须成为部长"。

　　在年功序列的制度下，年轻的优秀人才很难得到发挥才能的机会，自然无法成长为最后一人。在工作内容没有太大变化的情况下，职务和工资都会随着年龄提高，也会使员工产生怠惰的思想。

　　在日立的总销量中，海外企业所占的比率到二十世纪九十年代为止都是20%，但在2013年却提高到45%。在日立集团总共三十二万名员工中，海外员工约为十三万人，占比为38%。相信在不远的将来，**因为在海外事业部取得成果而被调到日立总部，并位居高位的外国人会越来越多。**

与日本人相比，特别是发展中国家的人们对工作的热情非常高，同时他们还热衷于学习。如果只是抱着"在总公司工作高枕无忧"的想法，或许将来自己的上司会出现越来越多的外国人，因为是日本人就会得到优待的情况将一去不返。

日立总公司的员工数量大约为三万三千人，其中管理职务大约为一万一千人，占总人数的三分之一。在此之前，管理职务的月薪中大约70%都由年功序列决定，只有30%是根据科长或者部长等"职务"来决定。但这实际上并不是因为年功序列的影响，而是随着工作年数的增加，工资也随之增长。

但从今往后，日立将采取全世界通用的按照职务等级和工作成果来发放薪水的制度。

或许有人认为，取消年功因素之后可能会出现"上司不指导部下工作"或"缺乏团队合作"等弊端，但实际上随着人事制度变得更加透明，上司培养部下的目的更加明确，对部下的职场规划也更加完整，所以上司必须具备更强的管理能力。对此，日立采取了很多措施，比如通过加大对管理人员的研修力度来提高他们的管理能力，通过对国内外员工的思想调查将各个职场存在的问题共享给管理人员等。

这些措施早在几年前就打好了基础，现在正在顺利地进行中。

2012年，日立构筑了庞大的数据库用来收集日立集团全世界范围内大约二十五万名员工的信息，从2013年起，日立将大约五万名科长以上级别的管理人员按照职务和职责分为七个等级（职务等级）。

像这样把人事制度全球共通化，日立集团打破了公司之间乃至国家之间的壁垒，实现了提高人才活跃度的目的。不管你在哪个国家工作，也不管你在日立工作了多少年，只要是有实力的人都会得到认可，并且得到与能力相符的职位。我认为这才是能够培养出真正最后一人的环境。

流水不腐——重视"平时的构造改革"

日立在2008年的最终赤字（纯损失）是七千八百七十三亿日元。两年后，在2010年日立的黑字（纯利益）是二千三百八十八亿日元。这是自1990年（二千三百零一亿日元）以来的最高水平。到2013年，日立实现了有史以来最高的销售利润五千三百二十八亿日元。

与连续四年在赤字之中挣扎时相比，员工们脸上的表情也明朗了许多，整个人仿佛都充满了活力。

很多媒体都对日立的起死回生争相报道。但是，这时候才是最危险的。如果在这个时候松懈的话，就会一下子跌落回去。

中医有一个理论叫"未病先治"。

虽然没有明确的症状，但在医院检查时发现问题，或者感觉身体不舒服但医院检查却没发现问题的情况，中医认为属于尚未达到疾病的状态，称之为"未病"。"未病先治"指的就是在"未病"发展成为重大疾病之前找出原因将其治愈。

日立现在也不能说是完全治愈,还必须找出日立存在的大企业病,并且将其彻底清除。

但这并非易事。事实上,业绩不佳的时候进行改革反而更容易一些。

即便在业绩不佳时,从亏损的事业"撤出",也会遭到相关部门的领导和现场工作人员的反对,但只要以"这样下去日立会破产"为由,对方就算很不情愿也只能同意。

而在业绩恢复之后,如果你做出"应该从这项事业之中撤出"的判断并采取行动,则会遭到现场员工的强烈反对。

就算你以"海外出现了在这一领域实力非常强的企业,我们完全无法与之竞争"之类的理由去说服对方,对方也会认为"明明没有出现赤字怎么能撤出呢",并无法接受。因为**平时也存在抵抗势力,而平时的抵抗势力是最难控制的**。

正所谓好了伤疤忘了疼,人类就是这样的生物。

日立曾经也有很多如同"未病"一样的事业,但在雷曼危机之后,我们通过"大手术"将那些没有发展前途的事业彻底切除,将经营资源全都投入到成长事业中,使其能够得到持续发展，终于使日立恢复到健康的经营模式，并且今后还会根据世界环境的变化不断开展新的事业。如果日立没能及时地从这些事业中撤出，就会再次陷入2008年以前那样的困境。

所以即便在平时，一旦发现问题就要尽早采取行动，这样才能将损失控制在最低限度。虽然经营层都很清楚这一点，但员工们却没有这样的危机意识，而这正是日立需要重视的地方。

在这个世界上，"任何公司都有破产的风险"。

原国有企业，号称绝对不会破产的日本航空申请破产保护的事例，想必大家还记忆犹新。虽然后来在稻盛和夫氏的带领下成功地在短时间内实现重生，但今后日本航空肯定还需要在经营上不懈地努力才行。

正所谓流水不腐，当你想要维持现状的时候，企业就开始腐败了。很多企业在实现目标之后都想要尽可能地维持现状。这一点在那些具有悠久历史的大企业身上显得尤为明显，原本非常成熟的事业接连不断地出现问题，这成为导致业绩下滑的主要原因。为了避免这种情况，必须在平时就不断对自己进行"外科手术",切除那些腐败的地方。

人的成长也一样。历经苦难会使人得到极大的成长,但一旦产生"这样就可以了吧"的想法,这个人就会停止成长,甚至可能倒退。

加拿大卡尔顿大学的副教授帕特里克·希尔的研究团队发现,如果一个人不论何时都保持拥有一个"目标",那么不管他多大年纪都会不断地成长,而且越是拥有目标意识的人,寿命越长。

这本书的读者中,或许也有过了不惑之年的人吧。今后的人生看似漫长,实际上也是转瞬即逝。我惊讶自己"竟然已经到了花甲之年"的那一刻仿佛还在昨日,但现在我已经年过七十了。

即便如此,我每天还在学习英语,还有太多想做的事情。我还有继续成长的渴望。

请大家也不要停下成长的脚步。因为在你的未来,一定有成为最后一人的充实人生在等待。

| 第三章 |

从决定到实行的"简单过程"

带着自信开展商业活动

"领导"最重视的事

正如我前面说过的那样,我并不是那种具有领袖气质的领导,也不是那种喊着"大家跟我来!"的口号,带领大家不断前进的类型。

我之所以会成为日立改革的带头人,只是因为我具有"做出决定并且坚决执行"的能力。

要想做到这一点,只需要非常简单的五个过程。

一、分析现状

二、预测未来

三、制定战略

四、履行说明的职责

五、坚决执行

这五点也是作为"最后一人"做出决定并且坚决执行的过程。从第一点到第四点是评论家和学者都能够做到的,但第五点才是决定是否能够成为最后一人的关键。

事实上,所有负责任的经营者都很重视这五个过程。或许会有人认为"这不是很简单吗"或"这是谁都想得到的方法"，但实际上有些事**"说起来容易，做起来难"**。有些事情就算想起来很简单，但要实现却非常困难。在工作中，我们每天都能切实地感觉到这一点。

在本章中，我将为大家逐一介绍我在日常工作中坚持的工作过程，也可以称之为"最后一人的工作过程"。

首先我必须强调的是，**对于最后一人来说必不可少的，就是执行力**。

很多领导都很清楚公司存在的问题，而且也在公司内部表达过"想要改变"的意愿。但是，只有意愿而没有行动，不可能实现真正的改变。

从决定到执行的过程，存在于一切商业活动中。身为一名经营者，必须在攻守两方面都做出决定并且执行。创立新事业、谋求海外发展等"攻势"战略，撤出亏损事业、将力量集中在主力事业上等"守势"战略——两者缺一不可，有时候甚至还要被迫做出产业重组等艰难决定。创业初期的公司大多会采取"攻势"战略，而走上正轨稳定成长的公司则需要采取"守势"战略。

事实上，商业活动就是决定和执行的不断重复。

上司将工作交给部下，这也是一种决定和执行。其中有很多小决定，比如交给部下什么工作，工作要完成到什么程度，如果部下无法完成工作应该对其进行怎样的指导等，所有内容都必须一个一个地做出决定。

在这时，仅凭直觉来做决定是远远不够的，因为**只有在能明确说出理由的前提下，决定才真正称得上是"决定"**。

完成这一基本过程的能力，等到成为经营者之后再培养显然是来不及的。甚至可以说，如果在成为经营者之后还没有经历这个过程，在面对重大问题时就难以做出经营判断。所以我认为，在成为经营者之前，更进一步说，在走入社会之后，就应该逐渐培养这种能力。

这种能力不只是应用在工作之中。

每个人在人生中多多少少都会面临关键抉择。

毕业后应该选择什么行业，是在现在的公司继续干下去还是跳槽或者自己创业，结婚、生子、买房、养老——当你站在人生的岔路口时必须做出选择。在你需要做出人生决定时，上述五个过程也同样能发挥非常重要的作用。

当你掌握了从决定到执行的五个过程，你就不会被世俗的舆论干扰，而是根据自己的意志，做出正确的选择。也就是说，你拥有了开启自己人生的金钥匙。

分析现状

学会看公司的"健康诊断书"

接下来,我将对这五个过程逐一进行解说。

首先是"分析现状"。**为了进行分析,数据是必不可少的。**

大家看过自己公司的财务报表吗?

应该前进还是后退——这是领导在任何情况下都必须做出的判断。当然做判断不能靠直觉,而必须根据数据来进行分析。查看财务报表的数字就是方法之一。

财务报表又被称为企业的健康诊断书。根据各个事业的现金流和收益情况,当发现年收益逐渐下降、难以拿出投资预算等情况时,就应该考虑是否应该缩小事业规模或者干脆撤出。

反之,如果通过数据发现某项事业今后有成长的可能性,就需要考虑应该追加多少投资,增加多少事务所。

对于完全陷入赤字的事业,只能选择撤出。哪怕这项事业具有悠久的历史或公司员工都对其很有感情,也必须采取撤出或者合并等对策。

通过数据，还能够看出一项产业究竟是成长产业还是成熟产业。

一项产业自诞生后经历几十年的发展，都不一定称得上是该领域的成熟产业。同样，也有像激光唱片和MD那样还没等普及就在短短几年间消失的产品。

我认为，**对于成长产业应该投入，而对于成熟产业则应该撤出**。当身处"成熟产业"的时候，或许会有顺风顺水的感觉，但这种情况不可能永远持续。以数据为基础，清楚地认识到这一点尤为重要。

不过，在成熟产业之中仍然有一条生存之路，那就是幸存者仍然能够获利。

所谓幸存者利益，指的是在过度竞争和不断缩小的市场中，当竞争对手撤出后，幸存下来的企业能够通过独占市场获得利益。比如电视属于非常成熟的产品，但当我们思考日立能否成为这个市场的幸存者时，得到的答案是"否"，所以我们做出了撤出的判断。

当然，日立也有选择坚持的例子。

日立有一种叫作测长SEM的装置。这是一种扫描电子显微镜，在生产半导体零件的生产线中，以几十纳米（一纳米等于一百万分之一毫米）的单位进行高倍率摄影和测量的高精度装置。在测长 SEM 领域，日立占据市场份额第一的位置长达二十五年之久，直到最近市场占有率甚至仍然高达 80%。

实际上，这项事业的利益正在逐渐减少。如果只看数字的话或许会选择撤出市场，但综合其他公司的动向和市场需求等因素考虑，我们认为日立获得幸存者利益的可能性很高。即便这个市场在不断缩小，但日立生存到最后的可能性很高，所以我们决定在这个领域坚持下去。

像这样，根据数据对情况进行分析，就能够推测出"这项事业未来还有发展"或者"这个领域已经开始出现衰落的征兆"。当然，只有在每天的工作中不断练习才能够掌握这种能力，看财务报表就是训练的一环。在看财务报表的时候，关键在于**注意"增长的数字"、"变化率较大的数字"和"现金流的变动"**。

你所从事的工作，究竟是"有前途有发展的"，还是"只剩下自己在死缠烂打"——通过数据来仔细地分析一下吧。

预测未来

眼光长远、多看一步

分析完现状之后,接下来就进入到预测未来的阶段。

仅凭经验和直觉就能取得成功的时代早已经成为历史。现在是必须对情报进行分析之后再进行预测的时代,是需要我们拥有"阅读力"的时代。

话虽如此,但实际上想要准确地"阅读"自己需要的情报并不容易,否则所有投资者都成为亿万富翁了。也正因为如此,很多经营者在阅读完需要的情报并制定战略之后,却因为畏惧失败,迟迟无法将战略付诸行动。

不管对数据进行多么缜密的分析,都有可能做出错误的判断。在这种情况下,**应该针对可能出现的失败提前准备相应的措施**,也就是说需要两手甚至三手准备。

我来介绍一个事例。

日立集团旗下的公司日立建机,被我看作是"发展中国家公司",因为发展中国家对建筑机械的需求量很大。

由于日本的道路、水坝、公共设施等基础工程都已经完备，建筑机械未来在日本市场几乎没有发展。虽然由于东日本大地震以及2020年东京奥运会带来的建筑热潮，导致日本的施工现场出现了人手短缺的情况，但这也只不过是昙花一现的繁荣。所以，在建筑机械领域还是应该制定向发展中国家进军的长期战略。虽然日立建机的总公司设在日本，但在日本的工作只占其全部工作量的29%，而在海外的工作量却高达71%。甚至可以说，日立建机是整个日立集团全球化发展最快的公司。

但是，并非所有的发展中国家都适合日立建机抢占市场。在决定究竟应该在哪个国家发展的时候，就需要"阅读力"。

假设菲律宾政府发表了要在今后二十年内修建十条高速公路的政策，首先我们需要搜集情报来确认这个信息究竟有多少可信度，菲律宾是否有足够的财政预算来实施这一计划，然后思考应该采取怎样的对策。

通过对搜集的情报进行分析，得出"虽然无法修建十条，但修建两条应该没问题"的结论，那么就应该制定提高菲律宾工厂油压挖掘机产量的战略。

这只是第一手准备。

在我们提高油压挖掘机的产量之后，如果菲律宾的财政预算一下子降低了怎么办，如果菲律宾发生了内乱怎么办——这时候就需要做好应对风险的第二手准备。

在此基础上，还应该思考"如何将增产的油压挖掘机销往邻国印度尼西亚"的对策。只要能多想一步，那么在出现问题的时候就能立即采取对策，将损失降到最低。

在分析到这一步之后，就可以进入到下一个阶段"制定战略"了。

此外，业绩恶化的事业和具有发展前途的事业，对其未来进行预测的阅读方法也有所不同。尽管都要基于数字进行分析，但对于即将进入的市场和即将新建的事业来说，并没有充足的数据来进行判断。

在这种情况下，用有点抽象的话来说，需要寻找征兆，但这并不意味着要依靠直觉。

任何事情都有征兆。以上文中提到的菲律宾为例，当政府发表开发计划，宣布"今后将要强化基础设施建设"

的时候，就意味着政府今后将会有大动作。如果能够尽早抓住这个机会，就能在商战中抢得先机。如果在其他公司抢占菲律宾市场之后才匆匆追赶是完全来不及的。

征兆往往会出现在"现场"。

但是，发生在海外现场的情况，是身在日本的我们无法完全掌握的，所以必须通过在现场的人来搜集情报。在这种情况下，在当地工作的员工就必须拥有迅速把握情报的能力。现场员工搜集到的情报，会由当地的公司进行分析和报告，然后该地区（全世界六个地区）的负责人会结合当地特有的情况将信息汇报给总部。除了每天通过互联网进行交流，经营层每个月都会收到一份关于宏观经济动向、各个事业的商业活动、竞争对手的动向等内容的报告。

由于日立在各个工作现场的员工们都非常善于搜集情报，所以我总是能及时地掌握新鲜资讯，这对我预测未来很有帮助。为了找出征兆并尽快采取行动，时刻把握全世界"现场的动向"是必不可少的。

保持敏锐的直觉

我再重复一遍，在对未来进行预测时，情报必不可少，而且情报的时效性和准确度必须都要很高。

从世间庞大的信息中，一下子准确地找出需要的情报——要想做到这一点，必须保证自己拥有非常敏锐的直觉。

如果没有敏锐的直觉，不管多么有用的情报摆在面前也无法利用。而要想拥有敏锐的直觉，只有一个办法。

那就是**对任何事物都保持关注**。

以我为例，我会去大学听与某领域最新情报和研究相关的演讲，以此来提高自己直觉的敏锐度。不只国内，与国外企业的经营者们见面交流也很有帮助。虽然与别人当面交流获得情报是最理想的状态，但实在做不到的话，也可以每天通过书籍、报纸、杂志等途径获得情报。

这个过程绝对不能疏忽。只有收集尽可能多的情报，提高直觉的敏锐度，才能把握商机，并准确地预测未来。

美国有一家叫迪尔公司的农用机械生产商，在农耕用拖拉机领域中市场份额常年占据第一的位置。我从这家公司身上学到了很多。

迪尔公司的拖拉机被称为"拖拉机中的奔驰",因为其结实耐用,在日本也非常受欢迎,很多经销商都有销售。除了拖拉机之外,这家公司还生产发动机、建筑机械、高尔夫球场用的割草机等机械设备。

前文提过的日立建机,早在二十世纪八十年代就与迪尔公司联手成立了合资公司,抢占了北美与中南美洲的市场。2011年还在巴西成立了集油压挖掘机的生产与销售于一身的合资公司。因为随着2014年巴西足球世界杯、2016年里约夏季奥运会的举办,巴西肯定会掀起一股建筑热潮。

由于巴西的进口关税高达14%,所以从日本向巴西出口的成本太高,而在当地进行生产和销售是最佳的选择。迪尔公司在巴西拥有大约两百个销售点。日立建机可以利用迪尔公司的销售网在南美市场销售油压挖掘机。

迪尔公司的销售额虽然比不上日立建机,但股票的时价总额却和日立建机不相上下,是一家超优良企业。这是因为其早在十五年前就已经预测到未来的发展趋势,并且采取了让组织在竞争中幸存下来的战略。

我在董事会上与迪尔公司的经营层交流时得知，他们在2000年就认识到"不能继续采取和过去一样的经营方式"。于是，他们选择了一些产品，将工作重心从成熟产业转移到成长产业上。而他们采取这种行动的根本原因，在于谋求SVA（Shareholder Value Added：股东增值）最大化的经营方针。

通过与迪尔公司经营层的交流，我直觉的敏锐度得到了极大的提高。我认识到今后企业不应该只追求提高销售额，而应该追求提高销售利润（从总销售额中减去人工费和原料费等成本之后剩余的利润）——这也为日立今后的发展指明了方向。

不只经营者，任何一个商界人士都需要提高自己直觉的敏锐度，只有这样才能在今后的时代生存下去。

判断自己身处的行业今后将如何发展，预测自己公司的事业有怎样的未来——如果没有这种意识，一旦你身处衰退产业却不自知，就会葬送自己的大好前程。

做一个知道应该何时"停止"的人

俗话说"万事开头难",但做出"停止"的决定也不容易。特别是多年养成的习惯,要想从今天一下"停止",肯定相当困难。

工作也一样。大家应该都有过这样的经历,在商业活动中,总是找不到"停止"的时机,就算一拖再拖,也没有任何好处。

因此,把握事业开始的时机非常重要,抓住"停止"(撤退)的时机也同样重要。

任何产品都有寿命。虽然产品的寿命有长短之分,但将这些产品的寿命用曲线图表现出来的话,就会发现任何产品都有曲线达到最高点的"辉煌"时期。

成立新事业,努力地向上发展,终于达到最高点时,这就是这一产品的辉煌瞬间。但是,**从产品曲线越过顶点的那一瞬间开始,就应该考虑停止的时机。**

当一件产品的寿命下降到最低点的时候才停止就来不及了。所以作为经营者,必须在产品寿命刚过顶点的时候就决定停止的时间。

战斗到最后一刻才停止不但会产生相当多的赤字，对于在该事业第一线工作的人来说也是相当沉重的打击。如果在该事业还处于黑字的阶段就通过与其他企业合并，或者与海外生产商合作等方法逐步撤出，就能将风险降到最低。

在事业的鼎盛时期完全过去之后才停止，现场的抵抗会很强，损失也很大。因为现场的员工对这项事业非常热爱，会有一种心灵的依靠被夺走的感觉。

2012年，日立决定不再自己生产超薄电视。

日立的"KIDO Color"显像管电视曾经风靡一时。1999年，日立从富士通购买专利进军等离子电视领域，后来等离子电视一直是日立的核心事业之一。

在当时的超薄电视领域，等离子显示屏与液晶显示屏一直在相互争夺主导权，等离子显示屏被认为在制造大屏幕电视时具有更加优秀的技术条件。但当液晶显示屏也成功地实现大屏幕化之后，等离子显示屏虽然画面精细但耗电量大的缺点就暴露出来，最终，液晶显示屏在竞争中取得了胜利。

2008年，日立撤出了等离子显示屏的生产事业。四年后，日立五十六年的电视生产历史画上了句号。现在日立只委托海外企业进行生产。

但日立选择停止的时机太迟了。

之所以会出现这种情况，正是因为受到现场的强烈反对。电视机部门的领导，肯定比谁都清楚自己部门的赤字情况。但是，让具有悠久历史的电视机事业葬送在自己手里，恐怕再也没有比这更残酷的了。而且很多员工都是出于"想在电视机部门工作"的想法而加入日立的，当时大家的心里一定都很难过吧。

但是，大家最终还是接受了这一事实并且同意调到其他部门工作。

事实证明，日立比其他家电生产商更早做出了正确的决定。因为日立从等离子显示屏领域撤出的时候，其他生产商还在构筑电视机的增产体制。

在那之后又过了一年，我有一次参加包括日立离退休员工在内的联谊会时，正好碰到一名以前等离子显示屏部门的员工。我当时心想"他一定会因为从电视事业撤出的事向我抱怨吧"，结果对方却表情很平静地这样说道："虽然我以前工作过的部门没有了，但对于日立整体来说，这是一个非常正确的决定。谢谢你。"

当时，我切实地感觉到，**当你带着觉悟去做决定并坚决执行的时候，你的心意一定能被他人感受到**。

不管是轻松的决定也好，还是艰难的决定也罢，领导只能相信自己的判断并且坚持前行。只有能做出艰难的决定并以壮士断腕的决心坚决执行的人，才能称得上是真正的经营者。经营专家和普通的经营者之间就是有这样的区别。

在需要做出判断的时候，你自己培养的阅读能力会像罗盘针一样为你指明前进的方向。

制定战略

不能只用数字说话

我与很多经营者都有过交流，在交流中我发现大家都拥有很强的"阅读力"。但是，就算拥有把握现状和预测未来的能力，能够以此制定战略并坚决执行的经营者数量却非常有限。只有阅读力的话就是一个评论家，如果不能做出决定并坚决执行，是无法成为最后一人的。

在完成分析现状和预测未来的过程后，接下来就是"制定战略"。

正如在第一章中提到的那样，我在就任社长后，立即制定了日立今后进行社会革新事业的战略。我把握现状，预测未来，得出"二十一世纪是环境、信息与能源的世纪"这一结论。

日立在环境—产业—交通系统、信息通信系统、社会—城市系统、电力系统等领域已经拥有非常稳固的基础。在大数据这个词普及之前，我就坚信用信息武装起来的基础设施产业拥有广阔的市场前景。

另一方面，我还考虑撤出那些与社会革新事业不相关的领域，因为我不可能对所有事业都投入相同的力量。我必须有所取舍。

在制定完宏观的战略后，接下来就要思考具体的战术细节。

第一，加强销售力量。第二，强化发电系统等海外大型项目的推广体制和风险管理体制。第三，强化经营体制，找出亏损的事业和产品，将国内外的据点合并或废除，合理安排人员。第四，通过提高生产力、与设计和统筹部门合作、利用IT技术共享信息等手段降低成本。

每一项战术都必须坚决执行。

需要注意的是，即便只是一个部门的部长，也必须给自己的部门设定目标，制定战略，并思考战术。

如果只是对部下说"这个月的销售目标是五千万日元，平均每个人要完成二百五十万日元的销售额"，部下会为了达成这个数字而疲于奔命。然而，现在已经不是仅凭努力就能提高销售额的时代了。不能瞎猜，必须对一切数据进行分析并制定相应的战略，否则在竞争中一定会败下阵来。

如果对部下说"我们销售的产品，会给消费者带来这样的便利。这样一来，大家的生活品质将会得到提高"，通过描绘美好的愿景使部下对自己的工作产生使命感，那么肯定能提高部下工作的积极性。

日本的部长被派遣到海外工作时，由于总是用数字说话而从来不描绘美好的愿景，所以很难得到现场工作人员的支持。这样的情况屡见不鲜。

不要只用数字说话，而应该告诉部下"我们为什么要这样做""我们是为了谁这样做""这样做会产生怎样的结果"，这样一来，部下也会产生"那样的话我们也想要实现目标"的愿望。

为了将部下的思想统一起来，必须制定战略。

如果部下在工作中不会主动思考，可能是领导制定的战略有问题，或者没有制定战略。

从今往后，掌握制定战略的能力是领导最重要的课题。

"明示方向"的重要性

"美好的愿景"是动力的源泉。

当日立宣布今后将开展社会革新事业时,也非常清楚地告知现场的员工们,具体将会在哪些方面投入力量。

只说"开发具有划时代意义的革新产品",与清楚地告诉对方具体的内容,这两者之间存在着巨大的区别。

现场的员工每天都要面对顾客"价格再低一些"、"不接受新合同"之类的严格要求。在满脑袋都装着这些隔阂的情况下,就算你告诉他"进行革新的开发",对方也只会认为"这种想法是非常不现实的"。

所以,必须为员工指出具体的方向。

比如,日立以减轻地球环境负担为目标开发了一种非晶体变压器。

所谓变压器,指的是将发电站输送过来的高压电,转变为能够安全使用的低压电。变压器二十四小时三百六十五天无间断工作,在工作的过程中会不断损耗2%—4%的电量。

为了消除这种损耗,日立使用非晶体材质制造变压器,成功地将损失电量减少了40%。同时,这种变压器的全年二氧化碳排放量也减少了大约一至五吨，节能效果非常显著。

今后随着全球气候变暖的现象越来越严重，不仅日本国内，全世界都将对非晶体变压器产生需求。所以这是非常具有发展前途的事业之一。

除此之外，日立还在努力开发使用非晶体材质的产业用发动机。一旦开发成功，能大幅降低电力消耗，世界上的很多工厂都会是日立的潜在客户。像这样的新技术开发，不只设计开发部门，研究所的力量也非常重要。在这一领域，日立研究所在新材料和新构造两方面都发挥了重要的作用。

就像荧光灯被 LED 逐渐取代一样，同样的情况或许也会出现在发动机上。未来新型的发动机或许能在全世界卖出几千万台甚至上亿台。像这样明示发展具体的方向，那么现场的员工就会意识到自己从事的工作究竟多么有意义。而且，由于同行业的其他公司也在开发同样的产品，员工们会更加努力工作，抢在竞争对手之前实现商品化。

此外，一旦非晶体发动机成功实现商品化，那么未来几十年的维修和保养会带来源源不断的利润。这样一来，非晶体发动机事业就会作为公司的社会革新事业得到长足的发展。

在指出方向的同时，让所有员工切实地感受到产品的作用与意义也非常重要。

我在工厂的时候，经常参与送货的工作。亲眼看着自己生产的产品在客户的现场运转，受到客户的喜爱，这也让我感到非常高兴。这种经历极大地提高了我的工作热情，成为我继续工作的动力。

从这个意义上来说，通过社长表彰和企业内刊（互联网）来共享信息具有非常重要的作用。让员工知道自己的工作会给世间的生活带来怎样的影响，可以进一步提高员工的工作积极性。

朝令夕改的规则

"我们社长就算是说过的话也会笑着反悔。"

我经常听到这样的抱怨。

就在不久之前，朝令夕改还是一个失败领导的典型特征。

但是，现在很多领导都切实地感受到有的时候必须朝令夕改。由于花费太多时间制定战略，当真正开始行动时世界局势可能发生了变化，或者行动过程中出现了意料之外的事态。

日本在过去很长一段时间都处于通货紧缩的状态，虽然采取了许多应对通货紧缩的措施，却没有什么效果。不仅如此，现在摆脱通货紧缩的措施更带着一股现实的味道，物价上涨、日元加速贬值，局势可以说在不断改变。面对社会局势的变化，企业也必须改变自己的战术。日立也采取了提高工资等对企业经营有直接影响的措施。

不管怎么预测未来，都可能遇到意料之外的情况。在这种时候，就必须根据实际情况来改变战术。

但是，**就算改变战术也绝对不能改变战略**。

不管发生什么情况，战略绝对不能动摇，能朝令夕改的只有战术。但是，有很多领导在状况发生改变时，会毫不犹豫地改变战略。这会使手下的员工失去方向，让现场陷入混乱。

战略与战术这两者容易混淆。

简单地说,战略是决定公司方向的长期目标,战术是为了实现公司的目标而采用的短期方法。

日立有一个在东南亚销售家用电器的大型战略。

但是,当我们想要进军印度尼西亚市场时,当地爆发了大规模的示威游行,想要进军泰国市场时,当地发生了大洪水,意料之外的情况接二连三地出现。即便在这种情况下,进军东南亚市场的战略本身绝对不能改变。能够改变的只有战术,比如改变进军的目标国家或者改变进军时机等。

我在制定战略的时候会对经营层的领导们说"这个战略路线就算死也不能改变",但这也意味着,只要大的战略目标没有改变,那么在现场的工作中,可以根据判断来随机应变。

坚持战略绝不动摇,这也是最后一人的责任。

将想法写在笔记本上

自从我走入社会以来,有一个习惯保持了四十多年,那就是记笔记。笔记上的内容在我制定战略的时候经常能派上用场。

我用的笔记本很普通，就是随处可见的 B5 大小的笔记本。封面是纸质的，内页只有横线。

我总是将笔记本的内页对折之后再使用，并没有人教我这样做，只是我不知何时养成的习惯。在书写的时候，与直接写满一行相比，写到一半的位置就换到下一行可以使内容看起来更加一目了然，书写起来也更加方便。

虽然我不记得教过别人，但我这种记笔记的方法很快就在员工之中普及开来，现在就连很多年轻的员工也像我一样将笔记本内页对折之后再使用，还说是"从前辈那里学来的方法"。或许这已成为日立流的笔记本标准使用方法了吧。

笔记本上可以记录任何事情。听别人说话时，感觉很重要的地方可以记下来，看书和杂志的时候，认为重要的内容也可以记下来，还可以当作读书笔记将看书的读后感记下来，工作中有什么好想法的时候也可以记下来，甚至还可以将自己的人生观写在上面。所以，这个笔记本的内容就像是一锅乱炖一样什么都有。

完成一件事之后进行自省，然后将思考的内容记录下来，这具有非常重要的意义。之后当你需要做出某种决定时，这些自省的积累一定会发挥应有的作用。甚至可以说，**充实的人生就是有自省的人生。**

做事有条理的人会将笔记本按主题分类，或许还会贴上便签，让什么地方记了什么内容都一目了然，但我并不会那样做。有时候我翻看自己所做的记录，还会产生"那时候竟然有这样的想法"之类的感慨。

现在我写完的笔记本已经超过一百六十本。因为我没有用电脑或智能手机对笔记本上的内容进行管理，所以完全无法进行检索，这是缺乏效率的一面。由于全是手写，内容也不可能很多，有时候晚上在自己的房间里记笔记甚至会兴奋得睡不着觉。

但是，书写的行为可以促进思考，我会在脑海中进行整理，所有的笔记内容都会保存在我的记忆中，会由于某个契机而一下浮现出来。所以，我认为手写的过程非常重要。

笔记本往往很大不容易随身携带，所以可以同时准备一个小记事本。

记事本一般来说是用来管理时间表的，不过要是在坐车看报纸的时候发现感兴趣的内容，可以随时用记事本记录下来。

我还会将"没有做的事情"记在上面。比如缺席了某个会议的时候，我会在记事本上写下"某某会议缺席"，以后要是碰到这次会议的主办方就能想着给对方道歉。

对我来说，同时使用笔记本和记事本，并"用手书写"的方法是最实用的，今后也会继续坚持下去。

履行说明的职责

保证"描绘未来"的时间

想必大家都听说过"accountability"（说明职责）这个词吧。

从今往后，作为一名领导，不管在公司内部还是外部，都必须拥有用自己的语言来进行说明的能力。

政治家在履行"说明职责"时被媒体追问的场面大家一定经常见到，但从政治家的表现来看，大家或许会认为"说明职责"更像是给自己找借口或者狡辩。

但我理解的"说明职责"，是将自己制定的战略向公司内外宣布，通过描述希望和未来，提高员工们的士气。这也可以说是作为最后一人来表明自己的决心。

说明职责不只需要说明，还必须能够得到对方的理解与接受，只有这样才称得上是"履行了说明的职责"。

最近每当电车中途停车的时候，车内和站台上都会响起"因为有人误入线路所以临时停车"之类的广播。但我记得以前并没有这么详细的说明，大概是因为铁路公司遭到乘客的抗议,所以才开始告知停车的原因。对于乘客来说,在知道停车的原因之后就不会围在车站工作人员身边抱怨,等待电车再次开动的过程中也不会烦躁不安。

说明的目的就是得到对方的理解。

如果一个企业制定了战略目标,但员工却认为"这件事与身处基层的我无关"的话,那么企业就难以上下一心地实现战略目标。小团体主义横行,导致大家只考虑自己部门和团队的利益。所以,即便是乍一看来与现场毫无关系的事情,也需要通过说明来得到对方的理解,让大家为整体的利益而努力。

不过,只是通过会议资料和网络来传达,很难得到现场员工的理解和接受。阅读书面文字和面对面直接交流,两者取得的效果完全不同。所以,我认为应该尽可能与员工面对面地交流。

但是,要想和全世界超过三十二万名员工挨个见面是几乎不可能完成的任务。就算在一个大讲堂里对数百人甚至上千人演讲,也很难将我的想法直接传达给每一位员工。

如果对员工来说只是"社长亲自演讲"的话,那我的演讲就毫无意义。

于是,我决定创造机会与现场的员工进行交流,这被我称为"市民大会"(Townhall meeting)。不只在国内,我还会到海外的事务所,以部长和科长级别为中心,聚集二三十人,与他们直接交流。

我和社长中西宏明分别前往各个地方,对公司的发展战略、管理战略、人才开发战略等进行说明,直接告诉该事务所的员工,公司期待他们承担什么样的责任。

这对我来说是一种刺激,对员工来说更是如此。特别是海外事务所的员工,他们对日立集团的整体情况非常缺乏了解,所以我总是能听到"能够和平时完全没机会接触的领导直接交换意见实在是太好了"之类的感想,以及"通过这次会议我第一次了解日立集团的规模,真是太惊人了。但既然如此,为什么不建立一个适合集团整体的体制呢"之类具有积极意义的改善提案。

在约旦开完会之后马上搭乘飞机赶往沙特阿拉伯——召开"市民大会"的过程就像这样要飞遍整个世界。仅凭董事长和社长两个人远远不够，所以我认为从今往后，副社长、中层领导、集团公司的社长和干部也都应该加入到"宣讲师"的行列中来，在 ER 活动（Employee Relations：与员工的交流活动）中投入更大的力量。

如果现场的员工对领导所说的话不够重视，认为"只是说大话而已"，那么好不容易制定的战略恐怕就难以实现。

所以我们不能只是说完了事，**员工是否能够按照我们希望的去做，取决于领导如何进行"说明"**。即便是自己无法亲自前往的地方，也可以通过互联网或者视频等媒介，无论如何也要让现场的实战部队理解和接受自己的想法。

身处的地位越高，越应该积极地接触现场员工。整天把自己关在社长办公室里制定战略，结果只会是纸上谈兵，很多问题只有多与现场接触才能够发现。

请大家也尽量多找机会对部下进行说明吧。

只是将目标和战略写在纸上贴在公司内部，或者通过会议宣传一遍，很难引发部下认真思考。必须不断向部下重复目标和战略，重复到部下自己能够复述的程度。关键在于让周围的人都参与到你指定的战略中来。

传递信息时的"关键词"

过去,日立在工厂里不管地位高低,所有人都可以平等地进行讨论,但现在这种情况却很少见。

以心传心、心有灵犀等日本独特的交流方式早已消失得无影无踪。现在不管家庭还是学校,环境都发生了巨大的变化,大家与周围的交往都变得很少。在任何情况下,都很难再有像过去那样紧密的联系了。

当然在这样的时代也有合适的交流方式,尤其是今后与不懂日语的外国人一起工作的情况也会越来越多。所以,我们必须具备比前人更强的说明能力。

或许有的领导并不擅长讲话。

但是,身为领导根本无法逃避讲话。在这种情况下,只要把最重要的关键词说清楚,把自己的想法传达给对方就可以了。

我在针对科长级别的研修会上演讲时,我不会说"关键在于提高公司的收益",而会说"公司需要盈利能力"——将"盈利能力"这样的关键词放进去。有时候即便说明的是同一件事，但稍微改变一下表达方式，给人的印象就会完全不同。

"盈利能力"这种说法很直接，甚至有些俗气，但能给听者留下深刻的印象。讲话的关键就是要在最短的时间内引起对方的注意。所以，能够传达信息的讲话方式非常重要。

如果员工产生"什么是盈利能力"或"只是赚钱就可以了吗"之类的疑问，接下来就可以给他们解释公司要对社会做出贡献，但这种贡献不能只是支持艺术或做志愿者，而是还要通过创造利益并进行社会再分配来对社会做出贡献。这样一来，员工才会理解你要说的内容。

说话的顺序也很重要。

我讲话时先说结论，就像英语的倒装句一样。先说结论、再说理由、然后补充背景，就是这样一种顺序。我本以为这种说话方式现在已经非常普及，却发现还有很多人前面天南海北地讲了一大堆，最后才说到结论。这样的人在平时说话的时候就应该注意改变自己的说话习惯。

在职务变高后，不但在公司内部，甚至还需要去公司外部进行说明，有时候还需要接受媒体的采访。在这种情况下说话的方法也和前文中介绍的一样，要把关键词说清楚，其他内容简单易懂地表述出来。

要想提高自己的讲话水平，只能事前多加练习。我在记者招待会或者大型演讲之前，都会思考应该按照怎样的顺序讲话，并且进行练习。

苹果的创始人史蒂夫·乔布斯就是一个非常擅长演讲的人，他的表达能力连我也为之倾倒。他的每一句话仿佛都经过精挑细选，每一个动作也都经过深思熟虑。虽然他演讲时神态自若，游刃有余，但背后肯定付出了相当大的努力。

越是不擅长公开讲话的人，越要多加练习。换句话说，这只是一个"习惯"的问题。只要重复到一定程度，任何人都会习惯公开讲话。

对公司内部和外部进行说明

尽管当面口头说明最容易给人留下深刻的印象，但从效率的角度考虑，用文件将信息传达给每一名员工也是非常有效的手段之一。

我在就任社长之后，每个月都会通过互联网发送一到两份名为"Kawamura's Messages"的文件。这个习惯直到2011年3月为止持续了整整两年。

我就任社长时日立遭遇有史以来最大的赤字危机，员工们也都对日立的未来感到非常不安。所以，作为社长，我最重要的工作就是必须不断为员工指明方向、传递信息。

2009年4月1日，我在上任第一天就发送了第一份文件。

"平时的事业方针可以是攻六守四，但现在必须是守六攻四，先巩固好防守，等业绩有所恢复后再转变为攻势。

"进攻的方向是扩大由信息通信系统、环境—产业—交通系统、社会—城市系统、包括新能源和电池在内的电力能源系统等组成的'社会革新事业'。

"日立集团整体必须彻底贯彻迅速决定和迅速行动的方针。"

我将今后要进行怎样的改革、日立将会朝着什么方向前进等信息全都通过这种方法传达给员工。

进入五月之后,我还发送过这样的内容:"我会尽可能开始实施应该在今年内采取的措施,到2010年一定要实现最终黑字。"(2010年正好是日立创立一百周年。)**我并没有说"希望"而是说"一定",这是一个非常强的信号**,因为我必须鼓舞员工的士气。同时,这也是对我自己的一个考验。

有时候我会宣传日立创业的精神,有时候我会询问员工,"你认为公司的领导层在构筑和谐人际关系的组织体制以及业务流程上有什么做得不到位的地方吗",还有的时候我会介绍自己如何度过工作之外的休闲时光。

虽然我没有时间与每一位员工当面交流,但通过这种方式,我能在一定程度上将自己的想法传达给大家。

"Kawamura's Messages"还会得到员工们的回复。

每个月我都会收到很多回复,其中有对改革的支持和对新事业的提案,也有对现场辛苦的抱怨以及改善职场环境的要求。

"近十年来,日立在一些事业上集中投入了数千亿资金,但是对中小事务所和相关公司却几乎没有投资。是否应该专门拿出一两亿的资金分配给所有的事务所和相关公司，让他们开发其他公司没有想到的新商品呢？"

"我感觉日立在人才培养方面还有很多不足之处。"

"和以前相比，重要的事情只在小群体或个人层面上解决的情况越来越多了。职场之间的交流还远远不够啊。"

每当我收到这样的回复，都会深切地感到"在日立还有这么多满腔热血的员工"，这让我不得不更加努力工作。通过发送的信息和员工的回复，我想在一定程度上也算实现了双方的交流吧。

很多上司一定都有这样的苦恼，随着员工越来越多，与员工一对一交流的机会越来越少。但如果能通过我这样的方法定期地发送信息，坚持对员工重复方针政策并描绘美好愿景，一定能将部下的思想统一起来，使大家都朝着同一个方向努力。

坚决执行

"理"大于"情"

妨碍改革的因素都有哪些？

有成本之类金钱方面的问题，也有仅凭自身的力量完全无法解决的法律规则方面的问题。但是，最关键的因素还是自身内部存在的抵抗势力。

在第一章中我提到过，当从事业中撤出的时候，会遭到现场员工的强烈反对。现场员工的反对我是能够理解的。

但是，这种反对不只存在于现场。在日立，离退休员工们也拥有很强的影响力，他们经常成为抵抗势力。日立前辈与后辈之间的关系很密切，人事部门找离退休员工商谈也是常有的事。即便是总公司的中层领导，对于前辈担任社长的子公司也难以出言干涉。

对于离退休员工们来说，自己辛苦创立或者开创了一个时代的事业就这样消失，确实非常难以接受。当我决定将火力发电事业与三菱重工成立合资企业的时候，就曾遭到离退休员工的强烈反对。

合资公司中，三菱重工的出资比率占65%，而日立只有35%——就连媒体都大张旗鼓地宣传"日立放弃了火力发电事业"。此外，在这一计划的影响下，之前一直从事火力发电相关生产的绝大部分日立工厂都被移交给新成立的合资公司。我也曾经在日立工厂里担任过工厂长。日立的创始人小平浪平就是从工厂起家，现在工厂的一角仍然还有小平浪平纪念馆。工厂是日立制作所的原点，甚至可以说是圣地。将日立的工厂移交给和其他公司的合资公司，离退休员工们肯定是完全无法接受的。

但是，东日本大地震之后，电力事业的发展环境发生了巨大的变化。电力公司都更加注重成本问题，所以很难再接到条件和从前一样的订单。电力公司甚至会将订单交给海外价格更加便宜的生产商。

虽然日立工厂对我来说也是非常有感情的地方，更是我曾经工作过的地方，但我还是做出了这个艰难的决定。如果被过去束缚，日立制作所绝对无法成为"一百年后仍然存在的企业"。

我对提出反对意见的离退休员工们解释："与完全交

给海外生产的电视机事业不同，与三菱重工联手是为了让火力发电事业能够在全世界范围的竞争中幸存下来，日立火力发电的历史并没有从此断绝。"虽然还有个别人仍然无法接受，但我们不能因为个别人的想法影响大局。

夏目漱石在《草枕》的开头这样写道："发挥才智，则锋芒毕露；依赖感情，则流于世俗。"这句话的意思是，太讲究理智，容易与人产生冲突；太顺从情感，则会被情绪左右使自己处处受制。

正如这句话所说，如果太尊重感情，即使能改革的事情也会变得无法下手。事实上，之前日立就有过因为现场的反对和离退休员工的阻挠而放弃改革的例子。

要想成功实现改革，不能被"情"所扰，必须坚持以"理"办事。"理"既是"理性"的理，也是"经济合理性"的理。

其实，在我的内心，"情"与"理"也在相互斗争。

即便如此，我在决定做一件事的时候仍然会坚决执行。不管遭到怎样的批判，就算被认为是恶人也好，我都会横下一条心选择"理"而不是"情"。

最后一人，或许就是能够理解"情"，却选择"理"的人。如果不理解"情"而选择"理"，就会发生冲突。或许这就是我们常说的"小事讲情，大事讲理"。

PDCA——不擅长 P 和 D 的日本人

读过第一章的人会理解五个过程中的"坚决执行"在实际中应如何执行。

"坚决执行"有多难，大家在现在的公司中应该也有切身的体会吧。发生在日立身上的问题，一定也是其他许多企业存在的问题。

在大企业中，明明想要成立新事业结果却以失败而告终的例子屡见不鲜。

在公司内部上下奔走来回疏通的过程浪费太多时间，甚至有时候自己都会产生"没有成功的先例，真的没问题吗"这样的想法给自己施加压力，或者因为害怕"失败的话怎么办"而不敢前进。

"坚决执行"是完成分析现状、预测未来、制定战略、履行说明的职责等过程以后迈出的最后一步。如果没有上述过程，你对自己的决定会缺乏自信，也无法说服周围的人来帮助你。

我认为这是平时就应该锻炼的能力。

如果想在部门内成立某个项目，那就坚决执行。这不仅限于工作，在削减成本或组织地区志愿者活动时也一样。没有干劲的人、不愿提供协助的人、总是抱怨的人——你会碰到各种各样的障碍。说服这些人，让他们加入你的行动，这种坚决执行的经历会成为你宝贵的经验财富，将来总有一天会派上用场。

另外，时刻牢记PDCA循环也非常重要。

制定计划（Plan）、执行（Do）、确认成果（Check）、纠正错误（Adjust）。也就是说，通过不断的反馈（feedback），使工作得到改善，自身得到成长。

日本人非常善于确认（C）和改善（A），但却不擅长制定计划（P）和执行（D）。 如果在计划和执行上缺乏效率，PDCA循环就难以正常运转。

实际上，实现改革并没有什么特别的方法。

不管谁当领导，应该做的事情都差不多。所以，决定改革成功与否的关键,在于有没有执行到底的觉悟。我坚信,只要有这种觉悟,不管遇到多么复杂的难题都能迎刃而解。

| 第四章 |

总是积极向前、"磨炼自己"的人

锻炼自己、锻炼部下

地狱般的经历使人"觉醒"

"什么时候人最能得到成长?"

对于这个问题,我的回答是"遇到困难的时候"。

比如,尝试很多次都无法做出产品的样品时,或是订单出现问题时,甚至因为自己的失败给公司造成了几千万甚至上亿日元的损失时。

虽然听起来有些不近人情,但我认为**正是这些"地狱般的经历"最能让人觉醒**。

而且,要成为本书主题的"最后一人",也需要经历无数的地狱才能得到觉醒和磨炼。

并非只有年轻社员才需要地狱般的经历。从入职到退休,所有职场人士都必须不断成长。所以,地狱般的经历即使对老员工来说也非常重要。

在很多企业中,员工为了当上领导拼命工作并取得成果,可是一旦坐上领导的宝座便以为高枕无忧,再也不思进取,所以才会出现那种"尸位素餐的上司"。

不过,也有入职之后就连续遭遇挑战并敢于接受的人。

这样的员工在经历了这些地狱般的挑战后，会觉醒成为最后一人。这样的人成为领导的话，在他手下工作的员工也会逐渐改变。我之所以认为日立正在从大企业病中好转起来，就是因为在企业内部看到了这样的良性循环。

我刚入职日立制作所的时候由于缺乏人手，即使是新员工也会不容分说安排许多工作。

在日立，入职的头两年都是作为综合职务研修员的身份工作。研修员的工作，说白了就是学习的过程。所有研修员必须在这段时间写出研修论文并发表，答辩合格后才能得到周围人的认可。

在我还是研修员的时候，有一次上司忽然对我说"跟我去海外出差"。我被安排与当地企业进行交涉。如果放到现在，或许就连入职十年的员工也不会被委任这项任务吧。

我入职后不久便开始在工厂工作。我还有过这样的经历，发电机因为冷却风量不足导致过热，顾客的工厂因此而停工，顾客愤怒地打电话质问"这究竟是怎么回事"，于是我急忙跑到客户公司进行修理。

上司不可能事无巨细地告诉你"这种情况下应该这样做才好"。对于我来说，一切都是"实践得真知"。当然我也经历过很多失败，失败的时候会遭到非常严厉的训斥，但正因为这些地狱般的经历，使我的工作能力得到了锻炼，并产生身为职场人士的觉悟和责任感。

不过，如果在当今时代仍然采用过去那样的指导方法，肯定有很多年轻人受不了吧。**随着时代的改变，地狱般的经历也应该有所改变。**

在面对地狱般的挑战时，有的人会接受挑战，有的人会选择逃避。我认为，之所以会有这样的区别，主要原因在于教育的差异。

虽然我说的可能有些以偏概全，但现在的年轻人，绝大多数都没有任何地狱般的经历便走上社会。与其说这是个人的问题，不如说是学校和父母的教育问题。有的学校在运动会的时候甚至让学生们"大家手拉手一起冲过终点"。由此可见，现在很多人都是在没有竞争的平等主义环境下成长起来的。

因为"现在的年轻人只是批评了几句就马上辞职"而感到困扰的上司，首先应该了解自己和现在的年轻人成长的时代背景不同。在没有任何准备的情况下，突然让年轻员工面对难题，他们很容易遭遇挫折。地狱般的经历也需要循序渐进。

　　日立从员工入职开始，就会对其进行许多教育。

　　比如资材调配部门的员工，首先会让他们彻底学习"世界上都有什么资材，这些资材都能够做成什么样的材料"等基础知识。然后才教他们"这个螺栓应该在什么地方采购最好"之类最终的判断方法。

　　技术部门的人从技术相关内容开始学习，财务部门的人从报表的制作、阅读方法、计算等相关内容开始学习。在掌握了基础技能之后，就可以对员工进行"精神层面的教育"，使他们今后不管在任何部门都能顺利地开展工作。

　　也就是说，**要按照先掌握技能再锻炼精神的顺序**。这样一来，就算你交给部下一个艰巨的任务，他也不会轻易放弃。所以在培养部下时，牢记这个顺序非常关键。

什么是日立流的"Tough Assignment"

地狱般的经历可能会出现在日常工作中，但一般是难以主动创造的。

日立通过一种被称为"Tough Assignment"（艰巨的任务）的体制将地狱般的经历融入员工培训中。所谓艰巨的任务，就是"交给对方一个非常难以实现的课题"，**通过给对方一个超出当前成绩和能力的职位（或者任务），促进对方的成长。**

最近，似乎在内部研修中引入"艰巨的任务"的企业在不断增加。但日立的"艰巨的任务"是OJT（On the Job Training，职场内培训），绝不是纸上谈兵，而必须由本人亲自体验所有业务。比如交给销售干部候补的艰巨的任务，一般包括如下内容。

一、创立新事业（开拓新市场、开发新产品、建立新据点等）

二、JV（Joint Venture）、Alliance、M&A（Mergers

and Acquisitions，包括谈判或并购后的管理）

三、整顿事业（撤出或重振亏损事业）

四、承担收支责任的实战经营经验（国内外集团公司社长或中层领导等）

这些课题需要在三到五年内完成。

或许有读者已经发现，这些都是经营者级别的业务。**实际操作时，我会先让这些干部候补担任事务所的分店长或者子公司的社长，然后再让他们完成这些任务。**

比如，让一个以前一直从事新产品开发相关工作的员工去重振亏损事业，对他来说这是从来没有经历过的工作，所以做起来肯定相当困难。这就是"地狱般的经历"。

我曾经将日立化成的一个销售部长调到日立总部的横滨分公司，让他在那里担任了三年社长。自从入职以来就一直从事化学产品销售相关工作的部长来到横滨担任社长之后，突然要面对自己之前从未接触过的工作，在自己完全不熟悉的领域中担当指挥。毫无疑问，这是一个相当艰巨的任务，但他却在三年里顺利地完成了社长的工作，在得到极大的成长后重新回到日立化成。

在这样的体制下,大家才能做到临危不惧,想办法战胜困难。

虽然这个体制在我就任董事长兼社长之前就已存在,但大多是调任到其他公司担任副社长、副部长或者专务等相对来说比较轻松的职务,而且时间也只有短短的一年。但既然是"艰巨的任务",关键在于"艰巨"二字,所以我认为必须要将事业部长级别的人派往美国的孙公司担任社长这种程度的任务才称得上是艰巨的任务。

社长与副社长的辛苦程度相差甚远,只有实际站在那个立场上才能明白。所以,要想"明白"这一点,最好让他真正站在组织顶端的立场上付出辛苦的努力。

成为公司的社长,面临的挑战从必须用英语演讲开始,到判断圣诞节的时候要不要给大家发奖金,有时候还会面临"资金不足"的严峻情况。必须用三四年的时间来亲身体验这些情况,等克服了重重困难后再回到原位。

安排一个高于其职位的艰巨任务,通过完成任务使其得到大幅成长，这种方法不仅适用于培养经营干部，同样适用于培养部长和科长。

现在的年轻员工，在职业初期可以通过派遣到海外的项目积累大量经验。

日立集团每年会派遣一千名左右主任级别以下的年轻员工前往海外工作。派遣地包括欧美、中国、印度、新加坡、马来西亚等，从发达国家到发展中国家都有。每个地区都会派遣几十名到几百名员工。

日立大约有八十种研修项目，有前往当地一到三个月，进行语言研修和家庭寄宿的情况，也有作为亚洲家电生产的当地法人代表，与当地员工一边交流一边实习的情况，还有在当地作为NPO法人工作的情况。

有员工前往海外工厂的生产线，跟着当地员工手把手地学习拧螺丝的方法，在回国后感慨道"切实地找到了在海外工作的感觉"。还有员工在印度尼西亚帮助集团公司在当地成立法人企业后，也说道"遇到了很多在国内完全想象不到的困难，在解决这些问题的过程中增加了自信"。

有的员工在与当地年轻人的交流中发现"虽然国籍不

同但价值观却非常相似",也有员工说"想回去"之类不争气的话。

虽然在海外也是和同事一起工作与生活,但毕竟离开日本肯定会接连遭到文化的冲击。在日本打开水龙头就有饮用水,按下开关灯就会亮,买东西的时候店员会一分不差地将零钱找给你。但在某些发展中国家自来水是不能直接喝的,停电更是常有的事。买东西少找钱的情况司空见惯,搭乘出租车还可能被狠狠地宰上一笔。

但这每一次经历,都是让自己成长的机会。

或许有的员工"再也不想去发展中国家了",但也有员工产生"渴望拯救那些生活在印度贫困地区的人"的使命感。这种使命感如果应用在工作中,可能会产生非常优秀的产品。

艰难的经历会成为使人觉醒的契机。

在工厂学习"作为经营者的原点"

有一种风景，如果你不站在相应的立场上，就永远也看不到。

1992年6月，我五十二岁的时候就任位于茨城县日立市的日立工厂的工厂长。

现在，因为火力发电事业与三菱重工合并，三菱日立能源系统的日立工厂和从事传统事业的日立工厂都在同一个地方。

从1992年6月到1995年5月，整整三年间，我都作为工厂长在那里度过。这也是我第一次站在组织的顶端，第一次成为真正意义上的最后一人。

日立在公司成立之初，每个工厂都是一个单独的利益中心。所谓利益中心，就是统一计算收入和支出的一个部门。各个工厂不只负责生产，还要统计生产成本、销售成本、事业部对产品进行管理时的成本等一切支出。工厂的目标是不断提高收益。为了实现这一目标，工厂必须仔细审视自己的生产流程，尽可能降低生产成本。

日立之所以制定这样的制度，是考虑到工厂的责任不只是生产优良的产品，还应该"将生产出来的商品销售出去、提高收益、保障员工及其家人的生活、缴纳税金为社会做出贡献，这些都是工厂的责任"。

我身为工厂长，必须在产品的设计、生产计划、制造以及收益的整个过程中都进行监督。甚至可以说，当时的经验正是我作为经营者的原点。

当时在工厂里有五千名日立集团的员工，再加上其他相关人员，总数超过七千七百人，所以，虽然被称为工厂，但规模已经相当于一个企业。我的职务虽然是工厂长，但肩负的责任可以说"和市长一样重要"。

拥有七千七百名员工的话，无法与每个人进行一对一的交流。我与这么多员工见面的机会一年只有两次，一次是正月的新年大会，还有一次是一年一度的大运动会。

召开运动会时，员工们会列队入场。首先是整齐的脚步声由远及近，然后当方队走到总部席跟前时，员工们会一齐敬礼，这时我也会对他们敬礼。在被这种壮阔的场面感动的同时，我也深刻地感受到身为领导要保障员工及其家人生活的重大责任。

我开始担任工厂长的1992年，是连普通人也切实感受到泡沫经济崩溃后经济出现衰退的时期。对于制造业来说，一般情况下受到经济衰退的影响要比普通经济晚一些。我当时就预测工厂的出货量将会持续减少，而这意味着严重的经营恶化。

当时的日立工厂以生产和销售火力、水力、核能发电站使用的机械和设备为主，规模巨大。在广阔的厂区里建有许多家大型工厂，整个绕一圈都需要花费很多时间。

这里的工厂与家电部门不同，并不大量制造同类型产品。不管是火力发电站还是核能发电站，都必须根据发电站的规格设计合适的机械，按需生产。虽然基础设计是相同的，但在实际生产中必须在性能和安全两方面进行大量的讨论与分析。首先需要制作一个小模型来进行测试，然后再制作一个二分之一大小的模型继续进行测试。

如果发现"这样不行"，那就必须重新制作。每一个产品都要像这样经过反复的测试才能正式生产，所以需要花费大量的时间和成本。

我就任工厂长之后立即着手进行名为"Hi-TOP21 计划"的经营改革。在"以更低廉的价格和更快的速度生产更好的产品"的口号下,通过降低成本和整顿组织来实现业务的简易化。为了成为世界一流的工厂,我定期召开 Hi-TOP 会议,试图对员工进行意识改革。改革的目的并不仅仅在于降低成本和提高销量。我认为"世界一流的产品必须满足四个要素:信赖性、价格、按时交货和售后服务"。所以,我才提出了这样的改革目标。"Hi-TOP"这个名字,也包含着"Hi(日立集团全员),TOP(以顶级产品、顶级工厂为目标):T(tough:坚韧)、O(originality:独创性)、P(powerful:强力),奔向二十一世纪"的含义。我认为**只有改变员工的思想,才能让结果的数字变得更好看。**

就连失败的经验,也只有站在这个立场上才能够体验到其中的辛苦。

我在成为工厂长之前曾经当过一年的副工厂长,但实际成为工厂长后,我强烈地感受到工厂长和副工厂长在责任上有很大的不同。副工厂长虽然对工厂长的工作提供协助，也会给工厂长出很多主意，但在承担最终责任的立场上，与工厂长完全无法相比。

尽管不站在相应的实际立场上就无法理解，但锻炼作为最后一人的心境，养成站在最后一人的立场上对事物进行思考的习惯却非常重要。只要拥有承担一切的勇气和气概，就可以随时成为最后一人。

检讨书就是你的成长记录

如果让我给年轻一代送上一句忠告，那就是"不要害怕失败"——或许这句话太过普通，但这就是我想说的。

工作上的失败任何人都会经历，绝对不可能避免。

现在，我们经常看到很多公司的董事长和社长在接受采访时披露一些自己的失败经历。我也一样，经历了大大小小许多失败才走到今天。

"年轻时要多吃苦"，这句话一点也没错，特别是年轻员工即使犯错也不可能导致公司破产，更不会因为犯错而被解雇。我认为趁着年轻的时候大胆尝试经历一些失败，积累很多宝贵的经验，这反而是一种好事。

我二十三岁刚刚入职日立的时候，有一次发现即将交付给位于羽田的客户的发电机有点问题。前文中也提到过，发电机的温度如果过高的话，就无法正常运转。

这种发电机依靠风冷降温，但因为客户企业的工厂空间狭窄，为了正常散热，专门采用了和之前不同的风冷设计。虽然我在设计上很用心，但实际的散热效果并不理想，结果导致发电机过热。

上司把我狠狠地骂了一顿。我还记得自己当时战战兢兢，好不容易才说明白情况。

随后我就从日立工厂飞往羽田给客户赔礼道歉，对方也非常生气，连续不断地对我怒吼了几十分钟。坐在回程的电车上，我对自己犯下的错误也感到十分懊悔，好不容易才忍住泪水。当时的心情，直到现在我也无法忘记。结果，我从最初的设计开始更改，让客户又多等了一个月才交货。

当时日立的上司只会教你一些大概的内容，就算你把图纸拿给他看，也只能得到"注意风量"这种不痛不痒的提醒，至于"这地方应该这样做比较好"之类具体的指导则完全没有。就算发生问题，工厂的上司也不会出面谢罪，而是让你自己去和客户解释。如果换成现在的年轻人，在这样的公司里大概干不了几个礼拜就辞职了吧。

但是，在二三十岁体力和精力都很旺盛的年纪，遭遇一些沉重的失败其实很有意义。因为**这会"增加你的耐性"**，还会使你产生"这份工作我必须负责到底"的觉悟。

大家的公司里应该也有检讨书吧，我曾经写过五六次检讨书。

内容大致是"我这次造成了这样的失败，我愿意接受任何处分"，写在原稿纸上提交给上司。

我负责设计的机器，绝大多数都是发电站使用的机器，而我设计出来的机器在实际运转时，可能会出现噪音太大、震动太严重等情况。在出现这些问题时，我必须立刻赶到工厂，趁着晚上的时候停下机器，自己钻进机器里面为了找出问题点而不停地敲敲打打。

然后还要带着沉重的心情写检讨书。

检讨书是我自己主动写的，就像是自己给自己出示黄牌一样。因为我写了"愿意接受任何处分"，所以随时可能接到调令。我的身家性命完全掌握在上司的手中。当时有一些年轻气盛的员工，不管遭到上司多少次严厉的训斥也不思悔改，所以，我认为从这个意义上来说，写检讨书具有非常有效的教育效果。

不过这件事还有后话。

之后不久我得到升迁，当我去和当时的上司报告时，他拉开抽屉将我以前提交的检讨书拿了出来。

"这是你的检讨书,还给你吧。"

当我接过检讨书的时候,心里感慨万千。

不只检讨书,我还曾经被取消过夏季和冬季两次奖金。

妻子还问我"你每天都忙到那么晚,为什么收入却比去年更少了"。

我只能告诉妻子"说来话长",但实际上当时我给公司造成了十亿日元的损失,就算扣除我全年的奖金也完全无法弥补。而且第二年我的奖金就全都恢复了,与公司十亿日元的损失相比,员工只是受到了小小的惩罚而已。

我对能在公司这样的组织中工作这件事感到非常的庆幸。

在公司里工作,虽然有时候可能会因为与上司意见不合而感到憋屈,但你也可以利用公司的设备和资金,**挑战仅凭自己孤身一人完全无法完成的工作**。

美国经济杂志《福布斯》的第二代发行人迈尔康·福布斯曾经说过:"失败就是成功。如果你能够从失败中学到什么的话。"我也认为**检讨书就是最宝贵的经验,能使人得到成长**。

直面"想要逃避的心情"

犯下严重错误的时候,或者被卷入麻烦中的时候,很多人的第一反应都是逃避。

有时忽然被委以重任,或者面对大好机会,也会有人畏缩不前。

是否能成为最后一人的关键,就在于面对眼前发生的事情会采取怎样的行动。

举个例子,如果你在街上看到一个好像迷路的人,你会立刻走上前去提供帮助,还是会想"如果他没有迷路,那我这样做岂不是太丢人了"或"被问来问去的很麻烦",然后默不作声地走开呢?

我这个人性格比较乐观,做事没有太多的顾虑,也不会把事情往坏的方向思考。正因为如此,我才得以闯过许多难关。

有时候我会遇到比较困难的工作,或是对精神或者肉体要求比较严格的工作,但我在工作的问题上绝对不会有任何逃避,而且从来没有产生过辞职的想法。

工作上的失败会成为自己的财富,所以根本不必害怕挑战失败。就算真的失败,也能够切实地获得宝贵的经验。

滑雪初学者在第一次滑陡坡的时候,只是站在起点就会感到腿软,心里一直想着"要是半路摔倒了怎么办"或"要是停不下来怎么办",根本不敢滑出去。但是,如果不迈出第一步,或许不会摔倒也不会停不下来,可是也无法体会到滑雪的乐趣。

一旦养成逃避的习惯,就很难将其消除,甚至一辈子都会逃避。**但逃避的前方没有尽头。**

有一个办法可以让人"勇敢面对"。

我在四十岁的时候被选为向当时的三田胜茂社长和部长进行项目技术说明的负责人。直接向社长做说明的机会非常难得,但考虑到说明的结果或许会决定项目的成败,我的心情非常紧张。

于是,我问上司:"我要说明的这些内容,对于三田社长来说有多重要?"

上司答道:"大概在三田社长的脑袋里只占不到1%吧。"

我顿时轻松了不少:"原来只是这种程度的小事啊。"

只要想一想自己工作的重要性在整体中占多少比例,就会发现那些乍一看很棘手的工作,实际上并没有你想象的那么困难。在你发现"就算有些小失败也无所谓"以后,心情就不会那么紧张,也不会想要逃避。

正如"没有比山更大的野猪"这句话所说的一样,任何事都一定有上限。虽然越是担心越会感到不安,但我们同样也可以把一件事看得轻松一些。

而且,当你不再逃避而是选择直面困难的时候,或许会发现问题实际上并没有想象中那么困难。**与其胡思乱想,不如大胆地开始行动,这才是最好的解决办法。**

满足于"五十一分"

年轻时出现很多失败是很正常的,随着年龄的增长和经验的增加,失败的次数自然会减少,你也会学会规避风险的方法。

我个人规避风险的方法之一,就是"迅速、轻微的失败"。

比如在想要成立新事业的时候,即使按照第三章介绍的过程成功地建立起事业,但有时候收益却不尽如人意。在这种情况下,只要立刻取消事业,就可以将失败的损失降到最低。

等其他的企业推出产品或服务之后才跟风成立事业,这就太迟了。关于这一点,我也在第三章中提到过,当事业达到顶峰时,是准备撤出的最佳时机。当一项事业出现热潮才跟风进入,等撤出的时候一定会出现赤字。

所以,最好的办法是通过迅速的行动将失败造成的损失控制在最小限度以内。

同时,当陷入危机的时候,应该认为"只要五十一分就好"。五十一分是刚好超过一半分数的及格分。

我在接任社长的职务时差不多就是这种心境。

当时我心里想的是"试着做一下，要是不顺利就立刻辞职"。

面对非常困难的状况，很难总是取得一百分满分的成果。如果总是追求完美，可能会导致你无法及时做出撤退的判断。在这种情况下，从某种意义上来说需要非常严肃的态度。

如果因为拘泥于一百分导致变成零分，就意味着必须从零开始。为了避免这种情况出现，**在目前的状况下，现在的工作只要达到五十一分这一及格分就好**。在别的工作中，还有挽回的机会。

就算无法达到一百分，也可以通过失败提高自己的能力。在成为领导之前，谁都会遭遇失败或面临严峻的问题，其中或许还有被打得落花流水的经历吧。当陷入困境的时候，所有的心思都在如何摆脱困境上，所以可能并没有意识到自己的成长，但就在积累这些失败经验的过程中，你会产生作为最后一人的觉悟，同时也会得到成为最后一人的力量。

在教育部下的时候，也需要有能够接受五十一分的度量。追求一百分满分并不是坏事，但实际上很多事情并不需要一百分。只因为一两次的失败就认为"这家伙不行"而放弃，不但无法培养部下，甚至可能毁了他。毕竟，不追求完美才能让自己更轻松。

"五十一分就好"的心境，能在很多情况下帮到自己。

拿出"两成的时间"来指导部下

大家都会花多少时间来指导部下呢？

或许有"花很多时间来指导部下，自己的工作都来不及做"的人，但我认为绝大多数人并没有在指导上花费那么多时间。

我经常说"拿出自己两成的时间来指导部下"。

如果一天八小时工作的话，两成就是一小时四十分钟，一个月二十个工作日的话就是大约四天的时间，这个时间感觉很多吧。如果没有指导的意识，恐怕很难花费这么多时间。

反过来说，指导部下对领导来说也十分重要。

虽然在年轻时犯了错误只能自己承担，但成为领导之后，每次去客户那里赔罪时我都会带着犯错的部下，和他一起承受客户的怒火，让他看我被责骂的样子。与反复强调一百遍"对待客户要有诚意"相比，用实际行动亲自示范一次更能让部下理解。

另外，作为领导还必须准确把握部下的工作进展情况。

虽然不必什么事都手把手地教，但在一些关键的地方还是应该给部下提供一些建议和帮助。此外，如果部下来找你商谈，认真倾听并给出自己的意见也是上司的基本责任。

还有一件事我认为非常重要，那就是培养储备干部的领导能力。

拿备考生来举例可能更好理解。一般来说，与在家自学的学生相比，有一个好家教的学生考试的成绩更好。

而好家教和坏家教之间的区别不在于教学水平。好家教不只教学生学习，还会让学生感觉到学习的乐趣和成就感，好家教会告诉学生"如果考上那所大学，可以进行这样的研究"或"可以跟那位教授学习"，像这样让学生自己产生学习兴趣的老师才是好老师。对学习产生兴趣后，学生自然会更加认真也更加努力地学习。有学习兴趣的学生和没有学习兴趣的学生相比，前者的学习效率更高，时间长了自然会显露差距。

同样，对于储备干部也不能一味让他们自己看书学习，上司直接对其进行指导可以使他们更快成长。

"升职后能负责更大的项目"或"可以在世界舞台上

展露拳脚"，像这样通过描绘未来的发展蓝图的方式来激发部下的工作积极性，就是好领导。

如果只是通过 OJT 使其掌握专业知识和技术，这样培养出来的部下即使对专业领域非常精通，却很容易成为一个视野狭窄的人。

最关键的是，成为最后一人的觉悟不能靠别人教，只能靠自己学。所以，提高部下学习的积极性才是真正意义上的领导能力教育。

试着突然对部下委以重任

我们都知道，要让部下多积累小的成功经验。

这确实很重要，但有时候，给部下准备一个大舞台，能使其得到跨越性的成长。

我刚入职一年几个月的时候，就作为部门代表被派往海外出差。最初是巴基斯坦，后来是加拿大、美国、阿根廷，当时上司交给我的任务是"去把订单给我拿回来"。

在阿根廷的任务，是争取阿图查核电站的涡轮发电机订单。阿图查是南美洲第一座核电站，时至今日仍在运转。当时，加拿大的坎杜能源公司负责提供核反应堆，日立希望负责提供涡轮发电机。我的工作小组由六人组成，其中包括一名销售负责人，五名负责技术答疑的各专业部门的技术员。

涡轮机部分的负责人是时任部长（后来担任专务）粢野幸三。发电机部分的负责人只有我一个，这个组合确实有些不平衡，但上司对我说"发电机部分应该没有什么问题，这次工作对你来说是一个不错的锻炼，你就放心大胆地去吧"。

这份工作对于刚刚入职不久的新人来说确实有些难以胜任，但当时的日立因为人手不足，有时候让新人出马也是迫不得已的选择。

出发前，上司说要对我进行关于说明的培训，但实际上只是给我提供了一些非常简单的建议。因为当时还没有电脑，我在说明时只能拿出一张纸在上面边写边画。当我用英语在上司面前进行说明时，上司不时地对我说"不行不行，你要看着对方说话"、"看着我的眼睛，声音再大点，张开嘴说话"。我记得说明的时间大约三十分钟。

刚刚入职就要代表公司的形象进行说明，一般人大概早就在这种压力下垮掉了。但我的性格比较乐观，还开心地想着"能拿着公司的钱去海外旅游，真是运气太好了"。当时一美元能兑换三百六十日元，所以自掏腰包去海外旅游对我来说是不可能的事情。

而且，这次出差并非个人作战而是团体作战，所以我觉得就算自己稍微有些失败也没什么影响，自然放松了不少。

遗憾的是，日立当时在这一领域的国际知名度不高，最终在竞争中不敌德国的西门子公司。

后来我又作为团队的一员前往巴基斯坦争取订单，这次很顺利地拿下了订单。当我回到工厂将这件事报告上去后，生产现场的前辈们都很高兴地说"太好啦"，还主动请我喝酒。

虽然这都是我分内的工作，但对生产现场的员工来说，没有订单就没办法进行生产。所以当我"带着订单回来"时，他们才会那么高兴。尽管这并非凭借我一己之力取得的订单，但我仍然深深地感到"我的工作很有意义"。

或许，我作为最后一人的觉悟就是在这样的经历之中一点点培养起来的吧。

我还产生"要更流利地说英语"的强烈愿望，有好几次都因为不能流利地用英语表达自己的想法而感到懊悔不已。从那以后，我就一直坚持学习英语直到现在仍然没有停止。

当然，这件事也因人而异，有的人忽然接到"去海外谈判"的任务或许会遭受挫折。正如前文所说，过去和现在的环境已经完全不同。在部下能真正独当一面之前，作为上司必须时刻在其背后提供支持，这也是上司的责任。

最近，似乎有些上司不愿给部下安排重要的工作，理由是"不想因为部下的失败而承担责任"，或者"与其指导部下，不如我自己做更有效率"。这样的上司显然没有意识到，促进部下的成长不但是上司的责任更是义务。

给部下安排重要的工作，如果部下没有取得理想的成果确实很让人恼火。但我们年轻的时候不也经常失败，却仍然被连续委以重任，并且上司很宽容地认为我们"能够在失败的过程中成长"吗？

为了让部下成长，拥有"不管出现什么问题自己都要承担责任"的觉悟，大胆地将重要的工作交给部下去做，这也是成为最后一人的必经之路。

坚持"责备"与"道歉"

从很久以前开始,不责备部下的上司越来越多。

在部下出现错误和失败的时候一句话也不说,是上司的失职。就算会遭人怨恨,也必须履行自己的使命。有时候责备部下实际上是为了他好。

在责备部下的时候应该在"最关键的瞬间"责备。

必须在部下犯错的瞬间,在他本人意识到"糟糕了"的时候进行责备才有效果,就像小孩子淘气犯错的时候一样。**先在关键的瞬间进行责备,然后再指示应对失败的方法和今后继续工作的方法。**

需要注意的是,责备要适可而止,不要咬住不放,更不能对部下进行人身攻击。部下并非故意犯错,所以没必要冲动地大吼大叫。

另外,责备的时候最好一对一,当着很多人的面责备部下会使他的自尊心受损。虽然有时候为了杀鸡儆猴,上司会在很多人面前责备,但这只是特殊的情况。

我责备部下，绝大多数情况都是因为部下在应该行动的时候没有行动。比如部下来报告说机械发生了故障，但经过我仔细询问发现早在前天就已经发现了征兆，却没有对机械进行检修，这时我就会责备他。

如果部下在现场遇到非常好的机会但没有及时采取行动，我也会非常严厉地责备犯错的部下。

有一位部下在海外进行谈判时被对方要求立刻出价，当时只要报出"七千万美元"的价格就可以拿下旋翼的订单，但是这位部下却说"等我向东京请示一下"。结果，其他公司以七千两百万美元的价格拿下了订单，导致我们损失了大约七十二亿日元。

我记得当时非常严厉地责备了这个部下，"为什么你没有当时出价"。在关键时刻不敢采取行动，说明没有承担责任的觉悟。我认为当前往现场时，你就是公司的代表，就是最后一人，必须通过自己的判断来找出答案。所以，为了让部下清楚地认识到"自己在非常关键的时候选择了逃避"，我必须非常严厉地责备他。

但是,在这件事上其实我也有做得不到位的地方。

事后仔细想来,在派部下去谈判之前,我并没有告诉他"最多给你七千万美元的权限"。

不止我,很多上司都会告诉部下"有什么问题随时和我联系",而很少给部下一个金额的上限和权限。在没有得到上司允许的情况下,部下确实很难拿出一个具体的金额来与对方进行交涉。

当意识到这一点后,我又把那位部下叫了进来,非常诚恳地对他道歉:"我没有给你设定一个金额上限,是我不对。刚才一直在责备你非常抱歉。"

这种情况在日常的工作中十分常见。上司也是人,有时候也难免犯错。当发现自己责备错了,应该诚实地向部下道歉。

敢于承认自己的错误也是最后一人的必备条件。只要能做到这一点,哪怕偶尔因为冲动而责备部下,也不会影响到自己和部下之间的信赖关系。

在组织中的地位越高,越容易产生虚荣和自尊等多余的东西。有的人会因为虚荣和自尊而不愿承认自己的错误,甚至隐瞒自己犯下的错误。

就好像一辆卡车，空车的时候可以自如地转弯，但如果车上装了太多的货物甚至超载，就连转一个小弯都非常困难。所以，**要想成为最后一人，就不能背负多余的东西，要保持轻装上阵。**

有句话叫作"君子豹变，小人革面"。

这句话的意思是，德高望重的人，就像豹子随着季节的变换彻底改变皮毛的花纹一样，发现自己的错误时会立刻改正，而且这种改变会表现在心理和行动上。而小人虽然表面上看来好像做出了改变，但实际上内在没有任何的变化。

最后一人在任何时候都应该做"君子"而不能做"小人"，必须拥有敢于承认自己错误的勇气。

"毫不吝啬地表扬"

在对部下进行指导时，表扬是非常重要的一环。我也很注意对部下进行表扬。

受到表扬会使人心情愉悦，在接下来的工作中热情高涨。另外，受到表扬还可以使部下认识到"原来如此，这样做是正确的"，再次确认评价基准，更有自信地进行工作。

比如有客户对我说"总是承蒙 A 先生的关照，洗衣机有点小问题找他帮忙，明明不是 A 先生分内的工作，但他却通过许多相关部门找来很多资料，帮了我的大忙"，我会立刻将这件事转达给 A 先生。

然后我还会加上更加具体的表扬，"顾客非常高兴"或"在技术支持之外也做得很好，获得了顾客的信任"。

我认为与单纯的表扬"你工作总是很努力"相比，让部下知道自己的工作得到顾客和上司的一致好评会让他感到更高兴。像这样借用第三者的评价进行表扬，是一种非常有效的表扬方法。

我自己也曾有过因为受到表扬而充满自信的经历。

我在担任活力技术总部长的时候，部门里有五六名比我年纪更大的部下。当时我不到五十岁，而这些部下都五十多岁。面对这些经验丰富并非常优秀的部下，我感到"有些放不开手脚"。

这时，有人告诉我："某某先生说'川村虽然年轻，但在他手下工作非常得心应手'。"

虽然这可能算不上是直接的褒奖，但在听到这句话之后，我还是感到十分安心："看来大家对我还是很信赖的。"

与责备相比，表扬的程度更难以把握。

言不由衷的表扬让人听了反而心生厌烦，而言过其实的表扬又容易使人心生骄傲。有人认为应该尽量多表扬部下，培养部下的自信，但我觉得不用那么夸张，只要**"在最关键的地方毫不吝啬地表扬"**就可以了。

但是，如果平时很少表扬别人，在关键的时候很难顺利地进行表扬。所以，首先从身边的亲戚朋友开始多练习表扬的方法吧，尽量准确完整地将自己的心情传达给别人。

"评论家"永远无法成为最后一人

最后一人是承担责任直到最后的人,所以不管结果如何,都必须坚持到最后。

我认为,有三种人无法成为最后一人。第一种是从一开始就逃避的人,第二种是虽然接受挑战但中途就放弃的人,第三种是自己明明做不到却总是对别人品头论足、像评论家一样的人。

比如,当产品出现问题,必须在一个月之内解决的时候,需要增加人员、组建项目组对问题进行处理。在这种情况下,一般来说上司会选择一个合适的人来担任项目组组长,把这项工作交给他。

在任命组长时,第一种类型的人会直接拒绝说"我做不到,我资历太浅"。这是从一开始就放弃成为最后一人的类型,对实际问题既没有帮助也没有影响。

第二种类型的人虽然会接受任命,但往往半途而废。对工作现场不做出任何指示,不管部下问什么,回答都是"啊,这是上面的意思",将工作都推给部下,自己什么也不做。令人意外的是，这种类型的人在任何组织中都有。

就算他自以为表现得很好能够蒙混过关，但上司看得清清楚楚，"这家伙接受了任务结果却半途而废"。所以，这种人得到的评价会比第一种类型更低，有时候甚至还会影响到委任他做领导的上司，实在非常棘手。

第三种是只有嘴上说得好听，但自己绝对不会采取任何行动的类型。

总是在私底下不停抱怨，"我们公司应该这样做才好"，实际却什么也不做——大家身边一定也有这样的人吧。

如果大家自己就有这种情况，那么请一定要意识到，"这样会变成评论家"。

拳击和足球等体育项目的评论员，过去曾是职业选手，知道哪些动作是做不出来的，所以在评论比赛时会尊重选手，给选手以支持。而经常出现在电视上的政治和经济的评论家，却总是好像自己轻而易举就能做到一样，嘴上说些大话，对政治家和官僚进行批判。但是，如果真的让他们付诸实践，恐怕连十分之一都做不到吧。

不管拥有多么专业的知识，拥有多么强大的分析能力，如果不能自己执行，那这些都毫无意义。

最可怕的评论家是在一切都结束之后才说"那个时候应该这样做"或"这样做就好了"的人。明明自己什么也没做，却批评那些付出了努力的人。对于这种类型的人，大家一定会认为"这家伙肯定做不了困难的工作"。

正所谓群众的眼睛是雪亮的，群众的意见同样会反馈给上司。所以，真正努力的人一定能得到正确的评价。

| 第五章 |

关于"谨慎乐观"地采取行动的九点

小心谨慎取得成果的指南

"谨慎的乐观主义者"的工作方法

领导总是孤独的。特别是在需要做出艰难的决定时，领导永远是孤独一人。在这次的改革中，我深深地体会到这一点。

最终的判断必须由自己一个人做出，而且还没有任何人理解你的心情。旁人不可能知道你经过怎样的思考才做出这样的决定，所以等待你的往往是"没远见"、"逃避问题"或"完全无视过去的积累"之类的批判。

最后一人必须和孤独做朋友。

或许有时候会难以做出决定，甚至对自己缺乏信心。为了在这种时候不会产生动摇，我会给自己找一些依靠。这一章我会为大家简单介绍。

首先，我认为**领导应该是"谨慎的乐观主义者（cautious optimist）"**。

这个乍一看有些矛盾的说法，来自于法国哲学家阿兰《幸福论》的一节"乐观属于意志、悲观属于情绪"。或许这也可以说是我的领导论吧。

我在被选为日立制作所的社长时,最后心里想的是"只要敢做一定能行"。但这并不是单纯乐观地认为"总会有办法",而是在一定程度上知道应该怎么做之后才产生的觉悟。另外,我是曾经离开日立总部又回来的人,所以在很多问题上都能做到静下心来应对。

虽说是乐观主义,但也不能盲目乐观,需要对前路可能存在的风险做好准备,也就是慎重的乐观主义。分析现状,找出将来可能出现的危机,慎重思考,坚持乐观的态度,决不放弃希望。

有一个很常见的故事,当看到杯子里有一半水的时候,有的人会说"只剩一半水了",有的人却说"还有一半水"。前者被认为是消极主义者,后者则是积极主义者。

最后一人既不属于前者也不属于后者,而是认为**"虽然杯子里有一半水,但如果能把杯子装满就更好了"**的人。然后,最后一人会思考应该怎么做才能把杯子装满,带领大家一起前进。

不管面对任何事,都可以凭自己的意志来乐观看待。

在面对困难时，只要想着"这会促进自己成长"，就能够跨越难关。一个人的意志往往能左右最后取得的结果，如果总是悲观地想着"大概不会顺利吧"或"失败的话怎么办"，最后往往很难取得好成绩。

事先想好出现问题时的对策，就能做到心中有数，这样大胆地去做，事情往往能意外地顺利解决。

当一个公司因为连续出现赤字而濒临崩溃的时候，如果社长对员工说"再不消除赤字的话，公司就会破产"，这只会让员工失望。如果对将来不抱有希望，员工就很难产生工作积极性。

即便是在同样的情况下，如果对员工说"缩小赤字部门，用两年的时间将利润率提高 5%，我们就能扭亏为盈"，就会让员工在困难中看到一丝希望。

不管面临怎样的困境，关于对未来的展望，领导都应该在理论上说明，"只要这样做就能成功"，给部下以希望，指明前进的方向。

在就任社长后，我立刻通过 "Kawamura's Messages" 向员工传达了"日立还有很多资产""大家打起精神来一起努力吧"等满怀希望的信息。与悲壮的决心相比,乐观的决定更能鼓舞人心。

不要忘记"开拓者精神"

不管是国家、企业还是个人,导致衰退的最重要的原因是什么?

那就是维持现状。

当事情一切顺利时,人们很容易产生"只要保持这个状态就好"的想法。在工作取得成功时陷入自我满足的状态,不再追求更好的目标,就会进入"守势"。

对于企业来说,执着于过去取得成功的产品和服务,不愿改变现有的商业模式,结果就无法应对世间的变化,最终会遭到淘汰。

进入"守势"同样也意味着停滞不前,而停滞必然会导致衰退。

在商场中拼搏如同逆水行舟——不进则退。稍有放松便会被远远地甩在后面。更进一步说,如果只是看着船内,那么甚至连自己现在身处何方都搞不清楚。为了确定自己究竟是身处干流还是支流,必须经常观察船外的情况。

为了保持成长,必须不断地学习新知识和新技术,开拓新事业和新市场。也就是说，开拓者精神是成长的基本。

日立的创业者小平浪平曾经说过，日立创业的精神就是"和"、"诚"和"开拓者精神"。

"诚"就是个人要诚实地待人接物，这是为了得到社会信任而必须做到的基本态度。"和"就是公司作为一个整体必须以和为贵才能发挥力量。"开拓者精神"就是敢于在专业领域成为先驱者，敢于挑战超越自身能力的目标，敢于在未知的领域进行开拓。这是日立从创业以来一直坚持的精神。

我认为今后也应该继续坚持这三条创业精神。尤其"开拓者精神"，不仅对于日立，甚至对于整个日本来说都是在今后的世界竞争中必不可少的。

遗憾的是，现在的日本人与外国人相比非常缺乏"开拓者精神"。

这也是日立的海外董事曾经提出的问题。海外董事们在参加董事会听取经营说明的时候，曾经严厉地批评"缺乏积极性"或"你们是不是忘记了开拓者精神"。就算国内的经营者以为自己拥有开拓者精神，但对于那些曾经在海外的一流企业担任过领导的海外董事们来说，这种程度的开拓者精神远远不够。

"很多问题只要稍微努力一下就能够解决，根本没必要反复提出"，"应该采取攻势的地方却没有采取相应的战略"，这些都是他们提出的意见。

我认为这既是日立的问题，也是日本的问题。

现在的日本基础设施齐备，物质生活也非常富裕，还有各种各样的服务，在全世界范围内属于比较宜居的国家，去海外留学的人数逐年减少，日本人"走出去"和"开拓"的想法本身就非常薄弱。

另外，由于日本的规则和管理都非常严格，就算想要开创新事业，有时候也会遭到很多阻挠而导致失败。因此，日本很难出现具有挑战精神的企业，以及具有挑战精神的人。

日本传统的年功序列的意识根深蒂固，年轻人很难摆脱重重压力。什么也不做老老实实地等待就是出人头地的捷径，当然没有人愿意尝试挑战。

在这样的环境下，一部分有实力的人为了寻求不看年功而看实力的地方前往海外。许多知道自己在日本很难得到发展的研究人员全都跑到美国去了，这也是众所周知的事实。

为了培养自己的开拓者精神，离开日本这个难以培养开拓者精神的环境前往海外，或许是一个办法。这就像是从自己现在搭乘的船上下来，站在岸上观察今后应该走向何方。

不过，我认为日本人的潜意识存在开拓者精神，只是尚未觉醒。

日本人曾经在诸多领域开拓了道路。如果从商业的角度来说，松下幸之助氏、盛田昭夫氏、本田宗一郎氏就是其中的代表。

前文也提到，2014年9月，对管理职务的薪水，日立全面废除了年功序列制。这应该会成为促使员工培养自身开拓能力的开始。公司并没有为你准备好一条直到退休的道路，所以你必须凭借自己的力量走下去。

虽然也有人担心废除年功序列制可能会产生一些负面影响，但我期待这个决定能给停滞不前的日本带来前进的动力。今后,除了日立以外的其他企业应该也会采取同样的行动吧。

每当这样想的时候,我都会感受到一百年前小平浪平提出的"开拓者精神"在如今变得愈发重要。

管理自己的人生项目

当一个项目成立的时候，首先要制定目标，然后再选择领导、组建团队、筹备预算、开始工程。为了使项目取得成功，除了制定计划之外，检查进展情况，解决出现的问题等管理行为同样重要。

我认为，人生也是像那样的一个项目。

既然是项目，当然需要对其进行管理。

有的人满足于自己的现状，有的人则对现状感到不满。但是，不管你对自己的现状是否满意，如果不对将来的人生进行管理，就难以接近你的人生目标。

每一个人的人生项目都不相同。

有人想要成为经营者，有人愿意一辈子都做技术和开发，还有人想要早早结束自己的职场生涯，去大学做讲师或者成立NPO法人。

不管是怎样的人生项目，关键在于自己对自己的人生进行管理。在职场人生中，不能只是被动地按照公司和上司的命令行动，而应在身处的环境中找出真正想做的事，或是在能发挥自身能力的领域，积极地向目标进发。

比如，你希望自己在五十岁的时候有机会到海外去负责一个大型项目，那么你在三十五岁之前就必须熟练地掌握英语。为了实现这一目标，你可以参加 TOEIC 考试取得八百分以上的成绩，还可以申请前往海外工作积累经验，或者通过商业学校来学习英语。总之，**通过逆向思维，找出为了实现目标现在应该做些什么。**

每当回顾自己的职场生涯，我唯一的遗憾是没有海外工作和留学的机会。在我三十多岁的时候，日本根本没有去海外留学考取 MBA 这种想法。如果当时我出国留学并考取 MBA 学位，然后在欧美企业中工作几年再回国的话，那我的视野将会多么广阔，英语又将会多么熟练啊，每当想起这件事都让我后悔不已。

刚入职的时候，作为工学部电气工学科毕业的学生，我的愿望就是制作大型发电机，为日本的复兴和发展做出贡献。后来，我参与建造了能发电百万千瓦、当时世界上最大的发电站，从这一点来说，我入职时的梦想也算是实现了。

但是，在四十岁的时候，我忽然强烈地感觉到只从事自己兴趣范围内的工作非常无聊。就连好不容易修建起来的世界上最大的发电站，三十年后也因为能源效率问题而变得毫无价值。在亲眼看到世界的变化后，我逐渐对产品的开发和管理等工作产生兴趣。

公司方面能支持我从一个技术者转型为经营者是我的荣幸，但我开始经营者的人生项目时已经四十多岁了。有时候我总会想，如果早一点开始作为经营者的人生项目，我现在又会怎样呢？

开始管理你的人生项目，越早越好。但是，每天为工作疲于奔命的三四十岁的人们，就算现在开始也为时不晚。为了让你今后的人生变得更加充实，请立刻开始管理你的人生项目吧。

人生项目的领导就是你自己，所以没有人对你下命令，你可以随心所欲。这是对你自己来说最重要的项目，希望你的人生从此不留遗憾。

理想的"T字尺类型"

涉猎面很广但不够深入的人和对某一领域的工作非常精通的人——这两种类型的人，哪一种更适合做领导呢？

对于职场人士来说，这两种类型都有适合自己的发展道路。比如财务，既可以做一个奔波于许多公司的"财务专家"，也可以专精财务到他人望尘莫及的地步，只要找到一个合适的舞台便可以大展拳脚。

实际上，在你积累工作经验的过程中，必然有一个时期需要深入探索自己的专业领域，这个时候就应该努力学习专业领域的相关知识。如果在这个时期没有努力学习，以后就算想学习，也会因为每天工作繁忙而没有办法专心学习。一个不能认真面对眼前工作的人是不可能取得成功的。

但是，对一个需要思考经营问题的领导来说，只精通一个领域远远不够。要想解决复杂的经营课题，不能仅凭"专业知识"。

我认为，最理想的领导类型是"T字尺类型"。

作为领导，不但要精通自己的专业领域，同时还要在一定程度上掌握经营、会计、资材调配、人际关系，甚至人文学科等领域的知识。**就像我们制图时使用的T字尺一样，专业领域向下延伸，而作为领导所必须掌握的技能在上面横向扩展。**

反之，如果只有经营的专业知识但缺乏现场的知识和技能，这样的领导也是不合格的。在这种情况下，必须找一个具有丰富专业知识的人作为自己的助手。

对于将来要成为领导的人，除了让他们自己努力掌握T字尺类型的工作经验和知识，公司也应该提供相应的培训教育。

人才培养决定公司的未来。为了让公司保持成长，培养优秀的人才和留住优秀的人才都必不可少，在员工教育上绝对不能吝啬时间和金钱。

将为他人着想的心态应用在商业活动中——恕

在我的房间里,挂着一幅写有"恕"字的书法作品,是书法家石飞博光先生赠给我的。为了用这个字时刻提醒自己,我特意把它挂了起来。

"恕"这个字有"宽恕"的意思,出自《论语》:"子曰,其恕乎!己所不欲,勿施于人。"

这是孔子的弟子子贡问他"有一言而可以终身行之者乎?"时,孔子给出的回答,翻译成白话文就是"大概是宽恕吧,自己不愿承受的事也不要强加在别人身上"。

不管是在商业活动还是在人际关系中,失败的一个原因就是不顾对方的感受,完全一意孤行。日立也有这种情况。最典型的例子就是由于"日立时间"导致做决定太慢,无法应对顾客的需求从而失去商业机会。

回想起来,我在年轻时也曾有过拼命强调自己的主张,却没有考虑对方立场的时候。如果当时多沟通交流一下,结果一定会不同吧。

当需求远远大于供给的时候，就算服务上有些小问题，顾客或许也能忍受。但是当需求在某种程度上得到满足的时候，顾客的眼光必然会变得挑剔起来。在这种状况下，恕（为他人着想的心态）或者说站在对方的立场上思考就变得愈发重要。

"为他人着想的心态"还与商业机会紧密相连。

那些依靠他人没有的商品和服务成功创业的企业，例如率先开始代收公共服务费或代售演唱会门票的便利店等——他们都是通过站在顾客的立场上挖掘顾客需求并获得成功的例子。

在日立内部也有这样的部门，通过对业务进行分析从零开始创立新的商业活动，研究如何站在对方的立场上进行思考和行动。

通过这些研究，日立可以得出类似于"银行的柜台应该这样最好"或"方便乘客使用的电梯按钮应该是这样的"之类的"最优选择"。

领导在处理人际关系时，也应该时刻为对方着想，站在对方的立场上。

作为领导,不能要求部下站在自己的立场上思考问题,因为部下缺乏经验而且立场也不同,很难理解上司的心情。

反之,上司应该站在部下的立场上思考。

而且必须时刻保持公平。

因为人无完人,每个人都有个人的喜恶。如果强迫自己喜欢一个本来很讨厌的人,反而会产生多余的问题。

不必完全排除自己的喜恶。每个人都有性格合得来或合不来的情况,有自己的喜恶。有时候你可能无论如何都无法喜欢一个人,有时候你也可能会无可救药地喜欢上一个人,喜恶本身就是非常重要的因素。

虽然我不否定喜恶的感情,但绝对不能将这种个人的感情带入实际的工作中。对销售人员的判断基准只能是他的销售业绩,对设计人员的评判标准只能看他的设计成果。

或许有的人会因为"非常讨厌那个家伙"之类的个人感情而对优秀的部下非常冷漠,这样的人一定无法成为最后一人。我经常提醒自己,绝对不能依靠个人的喜恶来进行判断。如果领导因为个人感情对某人优先对待或冷淡对待的话，整个组织的秩序都会变得混乱。

做出合理判断的最好方法，也是我最常用的方法，就是"站在对方的立场上思考"。

比如，如果在产品设计上与自己讨厌的人意见相左，就应该想一想"不管我说什么，那家伙都坚持自己的意见，但站在那家伙的立场上，或许他说的是对的"。当你这样思考的时候，就会使自己冷静下来，有时候或许会有新发现。

站在对方的立场上进行思考，你会发现自己究竟是根据合理的原因进行判断，还是单纯的感情用事。这样一来，你可以防止感情因素影响你的判断。

通过读书来提高自己

人可以通过工作提高自己,也可以通过与人交往提高自己,还可以通过读书和学习来提高自己。

这是我在过去的职场人生中的切身感悟。最后一人的精神,也可以通过工作、人际交往以及读书来得到锻炼和提高。

如果只学习与工作相关的内容,视野会变得狭窄。虽然在工作中也会与公司内外的人进行交流,但由于圈子狭窄,想法仍然可能偏颇。

所以,我认为应该通过多读书来提高自己的精神层面。

当今社会,不管我们是否愿意,大量的信息会通过电视或电脑涌入我们的大脑。结果,我们来不及处理如此庞大的信息,陷入信息中毒的状态。**对于领导来说,只是被动地接受大量信息,必不可少的思考力和判断力无法得到培养。**

而读书时可以根据自己大脑的处理速度来调整节奏,甚至可以一边仔细思考一边慢慢阅读。书中的内容不是被动地进入我们的大脑，而是在我们的主动思考中将书中的内容转化为自己的知识。

虽然阅读一些畅销的商业书籍也不错，但我还是推荐大家阅读古典名著。古典名著是在无数的作品中大浪淘沙后留下来的精品，书中的内容不管任何时代都适用，经常会给人留下很深的印象。

比如孔子的《论语》以及江户时代的儒学家佐藤一斋的《言志四录》等，里面就有很多能对工作提供帮助的内容。

《言志四录》由于受到西乡隆盛推崇而被世人熟知，其中记载了很多堪称指导者行动指南的内容。儒学属于实用科学，所以《言志四录》在当时应该也是一本实用科学书，如果放到现在的话大概相当于商业书籍吧。

在这本书中，有类似"少而学，则壮年有为；壮而学，则老而不衰；老而学，则死而不朽"之类非常著名的语句。

这句话的意思是："少年时代学习，是为了壮年时代能够派上用场，成就一番事业。壮年时期学习，是为了让自己年老后仍然保持力量。老年时期仍然能坚持学习的话，就可以继续为世界做贡献，死后也能流芳百世。"①

乍一看似乎很难理解，但其中所写的内容放在当今社会仍然通用。

另外，《幸福论》也非常值得一读。有三位作者分别创作了三本名为《幸福论》的作品，被称为"世界三大幸福论"。

在伯特兰·罗素的《幸福论》中，他举了一个例子，就算重复做一件非常普通的工作，也一定会有好事发生。比如"当你碰壁的时候，一定会有人出言相助。不要总是碰壁，只要绕开就好"。

罗素举了几个幸福和不幸的例子，对人生应该如何度过进行了考察与分析。我对这些内容非常感兴趣。

从结论上来说，他认为人类应该与自然共生，心满意足地生活，时不时出门辛勤工作然后回家休息，这就是最好的生活。最接近这种理想状态的职业就是学者，因为学

---

① 《佐藤一斋"人上人"的学习》，坂井昌彦，三笠书房。——译者注

者可以从事自己感兴趣的研究。其次是艺术家，但由于艺术家必须接受世人对其作品的评判，所以排在第二。他在后面还追加了一个，即公司的经营者。

在卡尔·希尔逊的《幸福论》中，他呼吁人们在完成一件工作后应该回到家里。

"请一定要回到晴耕雨读的生活，当再次被俗世召唤时，不要有任何的牢骚与抱怨。对方是满怀期望地叫你来工作，所以请不要抱怨，要认真工作，当工作结束后就请回去。请再次回到晴耕雨读的生活，因为晴耕雨读的生活对人类来说是最理想的生活方式。"我想这对我们现代人的生活来说也同样适用。

罗素的《幸福论》创作于1930年左右，希尔逊的《幸福论》创作于1890年左右，可见过去的人也一样要在社会中辛勤劳作。但是，每天为工作奔波的人生肯定被认为很不幸吧。所以，过去的人们在工作之余也会思考"工作结束后应该这样做"，从这一点上来看，过去和现在还真是完全一样呢。

当感到精疲力尽的时候，我会阅读我最喜欢的藤泽周平的小说——《三屋清左卫门残日录》《海鸣》《风之尽头》等。每当想要稍微休息一下的时候，阅读这些书会让我恢复元气。在文学方面，我非常喜欢陀思妥耶夫斯基的作品，我打算在彻底退休后仔细地重读一遍。

自己究竟想要成为什么样的人，想要度过怎样的人生——对于这些难以找到答案的人生命题，我们可以通过读书来帮助自己思考。

另外，通过读书增长见识，我们的人生会变得更加丰富。人生不只是为了工作，所以在读书时不要想这本书对工作有没有帮助，应该广泛阅读各种各样的书籍。

不拉帮结派

原经团联会长土光敏夫先生从不参加晚宴。但他举办早餐会,在早餐会上与各种各样的人见面交流。这是距今三十多年前的事,当时在晚宴上进行商谈和拓展人脉是很常见的情况。所以对于其他人来说,土光敏夫先生的做法非常难以理解。

土光敏夫先生在当时坚持自己的信念,比任何人都更努力地工作,实现了行政改革与第一次石油危机后的经济稳定化,取消了企业的政治捐款。他实在是一个非常了不起的人物。

近年来,不参加公司酒会的年轻人越来越多,甚至让老员工感到有些苦恼。但我认为,**那些喝到深夜只为了确认"我和你是朋友"的酒会不参加更好**。在这一点上,我十分赞成土光先生的做法。

如果需要交流的话,通过平时的业务往来就足够了,或者专门拿出一两个小时的时间来进行交流。虽然大家一起喝酒时可能会彼此袒露心声,但效果却非常差。有时候喝两个小时的酒，实际上真正重要的事情只说了三五分钟。

最近，客户也不像以前那样愿意参加酒会了。每当发出邀请的时候，客户会问"在这次酒会上会透露什么特别的情报吗"。当得知"今天的酒会只是联络感情，没有什么特别的情报"时，对方往往会拒绝参加。由此可见，大家对酒会的认识已经开始发生改变。

为了与新客户拉近关系，酒会或许有一定的效果，但同一个公司的人总是举办酒会完全是一种浪费。我认为参加这样的酒会没有什么好处，还不如花时间多陪陪家人或者学习提高自己。

通过工作来进行交流并取得成果，这不就足够了吗。虽然与职场的同事建立良好的人际关系非常重要，但过度地拉帮结派反而会使人心生嫌隙，尤其对内向的人来说更是如此。

与之相比，不如多去职场之外寻找邂逅，创造获取职场之外信息的机会，这对于增加自己的工作经验更有好处。

要说日立内部人际关系的最大优点，那就是没有派系之分。什么毕业大学的派系和工厂的派系之类从来没有，更没有社长派与副社长派之间的对立。

日立历代的领导都强调过这一点，换句话说，只要是能够顺利完成工作的人都会在日立得到认可。

我听说在其他公司中似乎有很严重的派系斗争。有派系的话就难以保证公正。如果按照派系的理论来决定升迁，就可能出现没有能力的人却成为领导的情况，公司会因此变得混乱不堪。所以，"不拉帮结派"对公司来说非常重要。

《庄子》中有一句话叫作"君子之交淡如水，小人之交甘若醴"。

这句话的意思是君子之间的交往就像水一样清淡，小人之间的交往则像甜酒一样黏腻。后面还有一句，"君子淡以亲，小人甘以绝"，意思是君子之间的关系虽然清淡但愈发亲密，小人之间的关系虽然表面看来甜蜜黏腻但不会长久。

对于最后一人来说，应该追求君子之交。

在甜蜜黏腻却不会长久的关系上浪费时间毫无意义，真正需要的是能在关键时刻鼎力相助的关系。

对自己的健康负责

　　一名商界人士想要一直保持热情，充沛的体力必不可少。

　　体力是精力的基础，要想一直保持旺盛的精力，无论何时都必须拥有充沛的体力。当然，不白白消耗体力也非常重要。

　　我有一个保持健康非常简单的方法，那就是每天走七千步，一周以五万步为目标。虽然周六打高尔夫的时候步数会增多一些，但每周想要达到目标也不容易。

　　不过，为了健康绝对不能有任何妥协。尽管妻子有时候会给我泼冷水，说我"好像变成了计步器的奴隶"，但**维持体力也是我工作的一部分。**

　　最白白消耗体力的行为是暴饮暴食。

　　所以，应该尽量拒绝参加酒会。就算周围的人说"川村太不合群了"，我也并不在意。因为我认为保持身体健康，使我能顺利工作这一点更加重要。

我想要保持体力的原因还有一个。

那就是我想在冬天享受滑雪的乐趣。我出生在札幌，从小就非常喜爱滑雪，现在和孙子一起滑雪也是我的乐趣之一。我已经七十多岁了，现在开始锻炼身体恐怕来不及了，但至少我要保持体力，让自己能继续停留在滑雪的战线上。

走七千步大概需要一个小时的时间。工作日的时候很难有连续这么长的时间用来走路，不过可以抽时间每次走几千步，只要每天累计七千步就好。

夏季天热的时候，随身携带一个帽子，一边思考哪条路上的树荫多，一边在林荫小路上漫步也是一种享受。这样不但可以调整自己的心情，有时候还会发现一些在办公桌前绝对想不到的好点子，对我来说这是非常宝贵的时间。

尽管现在有很多说法，比如只要吃这个就可以变得健康，只要喝这个就可以很有精神，但对我来说，走路就是最好的健康法则。

最后一人的关键在于"最后"

任何组织都有更换领导的时候。

就像国家更换总理大臣、棒球队或足球队更换教练一样，公司也应该定期更换领导。这不仅能促进组织的发展，维持组织的活力，在防止组织内部腐败上也具有重要的意义。我认为，对于进入稳定成长期的公司，与让同一个人长期坐第一把交椅相比，定期更换领导更有好处。

不过，创业期的公司则另当别论。日立的创业社长小平浪平，实际担任社长的时间长达三十六年。在此期间，他为公司的发展和壮大做出了极大的贡献。即使在现代，本田、索尼、优衣库、日本电产等公司的实例也非常多。

在公司进入稳定成长期后，退位让贤并为继任者搭建一个能大展拳脚的舞台是领导的责任。我认为能做到这一点的人才称得上优秀的领导。

我在辞去董事长职务时，收拾完自己的东西后马上就走出了董事长办公室，因为我作为董事长的工作已经结束。尽管员工们对我极力挽留，但如果董事长办公室变成"川村办公室",公司很快就会走向腐败。

就像恋人临别时的时间最要紧,这一点也不仅仅局限于恋爱关系。

组织的领导拥有许多权力,甚至可以开除自己不喜欢的员工,所以才有那么多人热衷于追逐权力。权力就是有这样的魔力,一旦拥有便使人难以放手,甚至有人将追求权力看作人生唯一的价值。

应该自己决定引退的时机。就算周围的人都阻止你,但时机一到就应该果断地离开组织,或许这是作为最后一人做出的最大的决定。

| 第六章 |

日本人必不可少的"意识"是什么?

全球化意识与多样性

日本人缺乏的"全球化"意识

日本自古就有"领导缺乏决断力"的问题。

日本的领导之所以缺乏最后一人的意识，是因为日本的组织大部分是由村落共同体发展而来的。

组织大致可以分为"共同体"和"功能体"两种。共同体由家族和地区社会等自然发生的关系所组成，以满足成员意愿为目的。功能体像军队和政府一样，为实现外部目标而组建。

企业是为了追求利益而组建的组织，本来应该属于功能体。但是，日本的企业不知从何时开始却变成了村落共同体。村长必须听取村民赞成和反对的双方意见，并一起沟通寻求一个能让双方都满意的解决办法。

像这种村长类型的领导，在当今日本社会还能发挥作用。在公司发展的过程中，共同体更能增加团队的凝聚力，具有积极的意义。但是，共同体发展的时间越长，越容易成为腐败的温床。员工间会拉帮结派，而敢于尝试新挑战的"出头鸟"会遭到打压，部下只会看上司的脸色行事。

在全球化的残酷竞争中，像这样的村落共同体完全无法生存。日本人似乎也逐渐意识到这一点，现在日本的企业已经开始将企业的利益放在最优先，向原本的功能体转变。

但对于功能体来说，也不能一边倒地只追求效率，因为这样无法凝聚人心。

即使在工作中非常重视功能性的人，有时也会有人性闪光的瞬间，而就在这个时候，人与人之间的羁绊会变得更加紧密，我就有过多次类似的经历。

我年轻的时候，曾和部门同事一起在客户那里修理设备直至深夜，就在大家因为"没有电车也找不到宾馆"而一筹莫展的时候，部长对大家说"都去我家吧"，然后把大家都带到他家里去过夜，还特意为我们做了热气腾腾的味噌汤。正是因为这种人与人之间的羁绊，我才会一直在日立工作吧。

领导就算不必像过去那样处处都对部下关怀备至，但在这样的关键时刻也一定要展现出人性中闪光的一面，这样的人才适合成为领导。

如今，日本迎来第三次开国时期。

日本第一次开国是明治维新时期，第二次开国是因为第二次世界大战战败。每一次都因为外界而不得不打开国门。

如今不管是发达国家还是发展中国家，人力、物力、财力等资本都已超越国界，开始在全球流动。但日本不管是走出去还是引进来的人数，都远远少于其他国家。向海外的发展也非常缓慢，完全跟不上世界的潮流。现在的竞争不可能都是主场作战，必须要掌握客场作战的能力。

日本现在出口减少，最近又开始限制进口，国债绝大多数都被国内资金消化，而从海外进入日本的投资非常少。虽然日本现在还称不上完全的闭关锁国，但与其他国家相比，日本的开放程度实在非常有限。

日本在发达国家中少子高龄化的现象最为严重，可以预见今后劳动力减少的情况不可避免。每年用在养老和护理等社会保障方面的资金高达一千兆日元。我认为，日本今后的成长战略应该着重于提高医疗、护理、教育、育儿、环境、节能、温室效应对策、新农林水产业等领域的就业人数。

最好的办法就是放宽政策，通过引进海外的资金、技术和劳动力来提升国力。为了实现这一点，优秀的领导人才必不可少。

在足球、网球、高尔夫、花样滑冰等体育项目中，日本出现了很多优秀选手。他们不但能用一口流利的英语接受采访，还拥有极强的沟通能力，可以恰到好处地表达自己的想法。从这一点上来看，在商业领域之外，日本的年轻人已经达到世界先进水平。

日本的漫画和动画也已在全世界范围内流行开来。与"物质"相比，优秀的文化和独特的感性等"价值观"已成为日本新的卖点。对日本的评价不能只看经济增长，或许还应该从这些方面重新进行考量。

即使在商业世界中，像成功开发出绿虫藻商业价值的"悠绿那"一样具有创业精神的年轻人也开始涌现。最近，"悠绿那"还进入了孟加拉国市场，今后一定会逐渐发展成备受世界瞩目的公司吧。在这样的年轻人的带领下，日本的全球化程度应该会越来越高。在艺术和体育领域，移居海外并大展拳脚的日本人也有很多。但是，如果同样有在各领域活跃的人才移居到日本，那才是最理想的状态。

另外，当海外大学的教授在日本居住和生活的时候，如果能为其提供医学或化学等最先进的研究环境，在这一领域日本一定能取得领先世界的成果吧。日本在物理与化学领域都出现过许多诺贝尔奖获得者，所以就算海外的研究者聚集到日本也不足为奇。之所以现在没有出现这种情况，我认为主要原因在于日本的限制太多，国家对研究的支持不够，日本的研究环境对于一流的研究者来说过于严峻。

走出国门固然重要，但打开国门吸引人才，创造一个能让不同国家、不同肤色的人一起工作和生活的环境也同样重要，只有实现了这一点，日本才真正称得上实现了全球化。

用教育培养"知道正确道路的人"

我是《寅次郎的故事》系列电影的粉丝。

在电影中,渥美清主演的流浪汉寅次郎对他的外甥满男这样问道:

"你说你要考大学,那你为什么要考大学呢?"

满男回答不上来,于是寅次郎这样说道:

"当你面对一条分岔路,不知道哪一条才是正确的道路时,你需要用自己的头脑进行思考,然后决定自己应该走哪条路。上大学就是为了培养这种思考的能力。"

寅次郎认为,最重要的是成为一个能自己做决定,找到自己人生方向的人,尽管寅次郎自己是一个面对分岔路会用铅笔倒下的方向来决定前进道路的"随风飘荡的人"。

我对于现在的大学能否培养出具有决断力和解决问题能力的人才这件事持怀疑态度。从今往后,企业不但要在员工入职后进行人才培养,还应该认真地思考关于学生时代人才培养的问题。

日立很早以前就建立了员工培训的体制。

但是，我认为在走入社会后才开始接受领导教育为时已晚。如果在走入社会后才开始学习作为一名领导必不可少的心态与资质，直到培养出一名合格的领导需要花费的时间太长，而且跟不上世间变化的节奏。所以，我在大学参加研讨会的时候就提出大学应该对学生进行一定程度的领导教育。

领导教育就是所谓的精英教育。与国外的经营者打交道时，如果没有肩负起企业与国家责任的最后一人的心态和觉悟的话，就永远只是一个不会说NO的日本人。

对于崇尚平等主义的日本人来说，恐怕很难接受"精英教育"这个词，但纵观当今世界，只有日本还没有彻底实行精英教育。日本的中级教育水平很高，这确实非常了不起，但为了国家的未来着想，我认为应该在精英教育上投入更多的力量。

与海外的经营者进行交流时，我惊讶于他们在历史、数学、经营学等诸多领域都拥有博士学位。这些知识绝不是进入社会后用一朝一夕就能掌握的，而是在学生时代就已打下了良好的基础,然后又进一步得到强化。作为产业界的代表,我希望给日本的大学提出一个建议,那就是除了专业领域外,对学生更多地进行一些历史、哲学等领域的教育。

如何接受多样性

我还希望大学增加学生海外留学和海外志愿者的活动。今后的企业更需要那些曾经参加过青年海外协助团体，有在外国活动经历的人。

随着全球化的不断发展，任何企业都需要接受多样性，所以需要曾在海外工作或生活过，具有极强多样性意识的人才。不管男女，无论肤色，为了让大家都能在同样的条件下工作，多样性是最基本的概念。**只有接受多样性，公司才会变得更加强大。**

如果大学四年的时间不够，那就继续去大学院读研究生，为了学习而晚两三年走入社会完全没有问题。日立最近开始实行全年录用制，在十月份也会举行入职仪式。

我在年轻时曾负责去海外销售火力发电与核能发电的机械设备，从那时起我就切实地感受到："如果这样下去，日本无法在全世界的竞争中胜出。"

其中的关键之一就是英语能力。在国内工作还好，但如果在海外谈判时不能流利地用英语对话，就无法与对方平等地进行交涉，甚至连合同的最终金额都难以敲定。

或许有人认为"只要找个翻译就好了"，但能理解专业领域内容的翻译十分有限，而且通过翻译来进行交流需要花费更多的时间，所以最好还是能自己进行交流。所以，我认为从今往后日本应该进一步加大外语教育的力度。在高层领导和中层领导中必须有三到四成的人能像说日语一样流利地进行英语对话，这样才能顺利地进行谈判。

由于最近外国员工越来越多，日立有时候开会也会使用英语。如果在平时不使用英语进行日常交流的话，在出国时就很难与对方进行沟通。

实际上，在三十多岁的时候，我曾多次向上司申请希望能到海外工作。

但是，上司却以"国内的工作堆积如山，你却要去海外好几年，这完全是浪费时间"为由拒绝了我。当时很多被调往海外事务所的员工都因为"外国的公司比自己的公司更好"申请了辞职。所以，公司方面或许也是因为这个原因才不让员工出国工作吧。

现在,日立非常愿意将员工送往海外留学。不管多大年纪都可以重新学习,只要员工保持积极求学的态度使自己不断成长,最终也一定会促进公司的成长。

日本应该如何面对全球化的挑战

根据内阁府提供的《平成二十六年版儿童和青年白皮书》显示，与其他国家的年轻人相比，日本年轻人自我肯定的比例很低，认为自己的未来没有光明的希望。

针对"认为自己的未来是否一片光明"这个问题，回答"光明"和"如果非要说的话，我认为是光明的吧"的日本年轻人占 61.6%。而美国和瑞典的这一数据超过 90%，就连日本的近邻韩国也超过 80%。

对于"到四十岁的时候认为自己会幸福吗"这个问题，回答"会"的人数只有 66.2%，其他国家全部超过 80%。

少子高龄化、每年不断递增的社会保障费、税收下降、一拖再拖的养老金问题——日本存在的问题堆积如山，而且完全找不到解决的办法。泡沫经济崩溃后，日本经济不景气的情况长期持续，现在的年轻人一直成长在一个充满闭塞感的社会中。

即使如此，我对日本的未来仍然持有乐观的态度。

因为日本国民的生活水平和文化程度在全世界范围内

都名列前茅。

除了国民普遍高学历，是世界上首屈一指的长寿国家外，日本国民肥胖率很低，还拥有最先进的制造技术。东日本大地震的时候，全世界都惊叹于日本国民的团结力和高素质。我也切实地感受到日本在遭遇危机时能发挥出真正的力量。如果能将这种力量用作日本人的武器，即便在世界范围的竞争中也能不落下风。

在现在的全球化竞争中，基础设施的出口已成为新的主战场。

发达国家必须解决基础设施老化与少子高龄化的问题，发展中国家则急需进行电力与公共交通网络、水道等生活基础设施建设。由于社会基础设施建设和维护在同时进行，全世界都在争夺这块大蛋糕。

日立将力量集中在社会革新事业上，加强基础设施相关设备的出口。

在日立刚走上这条道路时，客户更重视价格而不是品质，所以日本制造并不被人认可。不过最近大家都尽量避免价格竞争，所以开始出现重视品质的趋势，这对于日本的企业来说是一个绝佳的机会。只要拥有正确的技术和无微不至的售后服务，经过漫长岁月树立起来的日本制造的品牌形象会使日本企业在世界范围的竞争中处于优势地位。

另外，日本人严谨守时的作风非常优秀，尽可能避免浪费的节能意识也很高。这些都是在全世界范围内通用的武器。

因此，我认为**就算把目标瞄准海外市场，但总公司、研究所和母工厂还是应该设在日本**。日本独特的精神，只有在日本才能培育出来。就算有超过半数的员工都是外国人，这种日本精神也不应改变。

将总部留在国内，同时还要积极拓展海外市场。这样日本才能再次成为活跃在世界第一线的国家。

请大家不要悲观，要相信日本的未来会是一片光明。

我留给员工的"最后的信息"

2014 年 3 月 31 日。

我辞去日立制作所董事长的职务。从 2009 年 4 月开始,我担任了整整五年的董事长与社长的工作就此结束。

本以为会在子公司领导的位置上结束的职场生涯,朝着一个我完全没有想到的方向前进了五年。

虽然还有很多事没有做,但我越发意识到让一个老年人一直坐在头把交椅上对公司没有好处。我退任后,东原敏昭担任社长,中西宏明担任董事长,日立制作所再次踏上全新的征途。企业总是如此,在一个项目结束后,就应该更新换代重新开始。

不过,我并没有完全引退。为了回报曾经帮助过我的人,我还作为瑞穗金融集团的社外董事,以及日立建机、日立化成的董事长继续推行改革。似乎我今后还会在商业的世界中继续活跃下去呢。

我在退任的时候,通过内部网络给日立集团的全体员工发送了一份名为"致日立的诸位"的信息。因为其中包含了我太多的想法,篇幅达到二十六页,对于一份"信息"来说,内容实在是很多。

尽管现在日立已经恢复到1990年最鼎盛时的业绩,但我希望日立今后还能继续坚持构造改革,实行持续的成长战略。

于是,我以"现在日立的课题"为题,用很多篇幅警示大家日立还没有完全摆脱危机,并指出今后还应该做些什么。我用销售利润率的演变和过去二十年中当期纯利润的演变等许多数据,反复强调平时进行构造改革的重要性。虽然通篇都是苦口婆心的劝告,但这正是我作为最后一人留下的极具个人风格的信息。

关于日立将来的领导,我也给出了一些自己的建议,但我认为公司不能只是 CEO 的培养皿,经营者和员工对于公司来说同样重要。

为了提高自身能力,必须坚持学习。所以,我提出"公司的领导不能只限定为日本的男性。外国的男性、女性,还有日本的女性,都应该拥有同样的机会"。

在不远的将来，日立集团的领导或许也会像日产汽车一样，由卡洛斯·戈恩那样的外国人来担任。但我希望这个人不是从外部招来的，而是由日立自己培养的。我还鼓舞日立的女性员工，"或许有一天，你们之中有人会成为日立的领导"。

只要坚持学习，不管遇到怎样的变化都能灵活地进行应对，或许还会成为能够自己引发变革的人才。反之，如果死板地认为"我们公司就是这样的公司"，那么永远也不会产生变化。从这个意义上来说，坚持学习、顺应变化、保持开拓者精神非常重要。

我在信息中反复强调这样一句话。

Remember, the best is yet to come!

翻译过来就是"请记住，最好的还没有到来"。

这不仅是我给日立员工的信息，也是给所有日本年轻人的信息。

职场人生不全是快乐,也有很多艰难和痛苦。但是,只要相信自己、坚持前进,并不断地学习,那么光明的未来就在不远的前方。

我坚信,等待最后一人的未来是最好的。

结　语

重新思考"企业的社会意义"

最近，我听一位东大教授说，"希望进入大企业就职的年轻人越来越少"。

于是，我询问"那么学生们希望进入什么样的公司呢"，得到的回答是"很多人都想要自己创业"。据说，创立"悠绿那"的出云充就是在东大就读的时候发现了绿虫藻的商业价值，并以实用化为目标进行研究。如果像他这样的年轻人更多一些，日本的产业一定会变得更有活力吧。毕竟不追求大企业的铁饭碗，而凭借自己的力量来开拓市场，这才是年轻人应该具备的创业精神。

在全世界范围内都开始出现这种趋势，据说美国一流大学毕业的学生进入大企业就职的人数也越来越少。在美国，因为有像微软和脸书这种学生创业并大获成功的企业，年轻人希望自己成就一番事业的愿望都非常强烈。

此外，在雷曼危机后，很多人对大企业都产生不好的印象。

最近舆论对大企业的批判不绝于耳，比如为了满足股东的利益而只追求短期利益，为了削减成本而损害承包商的利益，为了减少人工成本而裁员等。美国大企业的领导与现场员工之间工资差距太大也已成为社会问题，甚至在华尔街爆发了示威游行。次贷危机就是大型金融机构和对冲基金利用面向低收入者的住宅贷款进行证券交易谋利的后果。

另外，浪费石油和煤炭资源和为了开发资源而破坏环境的情况也非常严重。由于这些大企业造成的问题接二连三浮出水面，并遭到舆论的批判，所以越来越多的人开始认为"大企业的存在本身就有问题"。

确实，大企业存在各种各样的问题，甚至有些大企业的领导为了追求利益而不择手段。

即使如此，我仍然认为大企业的存在能给社会做出贡献，而且有很多事情只有大企业才能做到。

如今大企业的社会责任已经发生改变。大企业不仅要将财富返还社会，增加雇佣岗位，引发革新，还必须积极地解决社会问题。前文提到的只重视短期利益、加大贫富差距、破坏环境、导致金融危机等问题确实存在，所以大企业必须纠正这些问题。

以前，企业方面或许认为维持社会稳定和思考环境对策都是政府的责任。但从今以后，企业和政府都应该与NGO、NPO一起合作开展社会商业活动（利用商业手段解决养老、环境保护、贫困等社会问题）。这也是只有拥有事业开发能力和资金实力的大企业才能做到的事。

日立曾参与建设日本国内净水厂和下水处理厂等设备，以及相关设施的监视控制系统。利用这些技术，日立开始着手解决马尔代夫水资源缺乏的问题。

被称为人间天堂的马尔代夫由于没有河流，只能依靠降雨和地下水来作为饮用水。但马尔代夫用来存贮雨水的设施不足，地下水又被生活排水和海水污染，并不适合饮用。

于是，日立向马尔代夫提供了将海水转化成淡水的技术，这些水不但可以供市民饮用，还可以供应宾馆与公共设施的泳池、淋浴系统和海鲜市场等。比如，海鲜市场可以用干净的水来处理鱼类，这样鱼类食用起来更加安全，市民对此都非常满意。此外，马尔代夫还可以用这些饮用水制成瓶装水进行销售，从而增加收入，改善当地居民的生活。

像这样给世界上大多数国家提供脱离贫困的技术和知识，正是大企业存在的社会意义。而且，为了积累用来返还给社会的财富，也要求企业必须具备盈利能力。

如果大企业只为了谋求自身利益而提高盈利能力，不但不能帮助世界摆脱贫困，还会加大贫富差距。我认为之所以会出现某些极端组织，正是因为资本主义化尚未完成。

如果能在没有产业的贫困国家充分地发挥资本主义的作用，提高当地人民的生活水平，世界一定会变得更加和平。如果贫困是导致犯罪和战争的原因，彻底消除犯罪与战争也是企业尤其是大企业的责任。

我认为，现在正是重新审视企业社会存在意义的时候。

日立旗下有一家公司叫日立能源非洲公司（现更名为三菱日立能源系统非洲公司）。尽管对于日立总公司来说只相当于孙公司，但这家公司在当地的发展却非常顺利。

这家公司除了进行发电站锅炉的设计、安装以及调试等电力相关的工作之外，还在当地生产安装锅炉时必需的零件，为增加非洲的就业机会做出了巨大的贡献。

在当地还有这么一件耐人寻味的事。公司员工自发拿出一部分工资成立了一个基金，向当地居民提供贷款业务。有的人申请贷款后用来制作便当，然后卖给发电站的员工。很多带小孩的母亲就用贷款来制作便当进行销售，以此来养家糊口。

这是类似孟加拉国的格莱珉银行（一个发放微型贷款的机构，以贫困阶级为对象，提供低利息、无担保的融资服务）一样的体制。当我听说这件事的时候，对于在非洲这样贫困的地区，人们能自发建立这样的体制感到非常惊讶。我去当地视察时，我的妻子参观了便当店，回来后很仔细地向我讲述了便当店里的情况。

这就是企业带来的社会变革，也就是我提出的"社会革新"——将自己赚来的利益回报给当地社会。通过发生在非洲的这件事，我再一次强烈地认识到，这才是企业存在的真正意义。

大家都是公司的一员。你看似普通的工作，或许会成为拯救他人的契机。如果你能这样想，那么你对工作的态度将会发生巨大的变化。

图书在版编目（CIP）数据

成为"最后一人"/（日）川村隆著；朱悦玮译.
-- 南昌：江西人民出版社，2017.12
ISBN 978-7-210-09838-6

Ⅰ.①成… Ⅱ.①川… ②朱… Ⅲ.①人生哲学—通俗读物 Ⅳ.①B821-49

中国版本图书馆CIP数据核字(2017)第256706号

The Last Man hitachi group no Vjikaihuku wo michibita「yariniku chikara」
© Takashi Kawamura 2015
Edited by KADOKAWA SHOTEN
First published in Japan in 2015 by KADOKAWA CORPORATION, Tokyo.
Simplified Chinese translation rights arranged with KADOKAWA CORPORATION, Tokyo through Bardon-Chinese Media Agency, Taipei.

版权登记号：14-2017-0450

成为"最后一人"

作者：[日]川村隆　译者：朱悦玮

责任编辑：冯雪松　特约编辑：皮建军　筹划出版：银杏树下
出版统筹：吴兴元　营销推广：ONEBOOK　装帧制造：墨白空间
出版发行：江西人民出版社　印刷：北京中科印刷有限公司
889毫米×1194毫米　1/32　8印张　字数117千字
2017年12月第1版　2017年12月第1次印刷
ISBN 978-7-210-09838-6
定价：38.00元
赣版权登字-01-2017-819

后浪出版咨询(北京)有限责任公司常年法律顾问：北京大成律师事务所
周天晖 copyright@hinabook.com
未经许可，不得以任何方式复制或抄袭本书部分或全部内容
版权所有，侵权必究
如有质量问题，请寄回印厂调换。联系电话：010-64010019